우리 아기 첫 두뇌발달 놀이

Smart Start by Margaret Sassé

Copyright © 2009 by Margaret Sassé. Original Illustrator Georges McKail
The original copyright owners for Smart Start, Toddler Kindy GymbaROO Pty Ltd reside in
Australia and therefore trust that this edition has been faithfully translated by Sigongsa Co., Ltd.
but Toddler Kindy GymbaROO Pty Ltd. do not take any responsibility for their translation.
All rights reserved.

Korean Translation Copyright © 2013 by Sigongsa Co., Ltd.
This Korean translation edition is published by arrangement with Exisle Publishing
through Yu Ri Jang Literary Agency, Seoul, Korea.

이 책의 한국어판 저작권은 유리장 에이전시를 통해 Exisle Publishing과 독점 계약한 ㈜시공사에 있습니다.
저작권법에 의해 한국 내에서 보호를 받는 저작물이므로 무단전재와 무단복제를 금합니다.

Smart Start!

하루 10분, 엄마와 함께 쉽고 재미있게

우리 아기 첫 두뇌발달 놀이

마거릿 사세 지음 | 정현선 옮김

시공사

많이 움직이는 아이가 똑똑합니다

　마거릿 사세 여사는 오스트레일리아의 대표적인 영유아 놀이교육센터 짐바루 Toddler Kindy GymbaROO의 설립자이자, 운동이 아이들은 물론 부모의 삶에도 매우 중요하고 즐거운 일이라는 사실을 알린 영유아교육의 권위자입니다.

　지난 해에 짐바루의 영유아 수업을 참관했습니다. 그땐 정말 즐거웠습니다. 아이들은 열의로 가득 차 잔뜩 신이 나 있었고, 지금까지 접해 보지 못했던 전혀 새로운 방식으로 운동을 하고 있었습니다. 또한 그러한 몸놀이를 통해 글을 깨우치기 전에 꼭 해야 하는 활동과 언어 능력을 기르고 있었습니다.

　무엇보다도 아이들이 대부분 아빠와 함께 놀이를 하고 있다는 점이 흥미로웠습니다. 사실 모든 아빠가 어린 자녀들의 관심을 끄는 방법을 아는 것은 아니니까요. 하지만 아빠가 아이와 함께한 시간이 훗날 학교 생활에까지 영향을 미친다는 사실은 여러 연구를 통해 밝혀지고 있습니다.

　요즘 아이들은 몸을 충분히 움직이지 않습니다. 그 결과 흔히 비만으로 나타납니다. 비만은 건강과 삶의 질, 학습에 굉장히 나쁜 영향을 끼칩니다. 운동하고 놀고 활발하게 탐험하는 것은 아이의 발달에 중요합니다. 그러니 이 책과 함께 즐거운 시간을 보내세요. 젖먹이든 걸음마를 뗀 아이든 상관없이 모두 즐거워할 활동을 마음껏 해볼 수 있을 거예요. 여러분과 여러분의 자녀 모두 즐겁고 행복하게 많이 배우고 또 함께 배우게 될 것입니다.

프랜시스 페이지 글래스코
―미국 밴더빌트 대학교 소아청소년과 교수

책을 시작하며

아이에게는 적절한 운동 자극이 꼭 필요합니다

이 책은 아기가 태어난 첫해부터 세 살까지, 부모님이 두뇌 발달에 가장 중요한 시기를 최대한 잘 활용할 수 있도록 돕기 위해 썼습니다.

두뇌는 평생에 걸쳐 발달하며 주변 자극에 따라 그 결과가 달라집니다. 또한 사람은 누구나 탄생하는 그 순간부터 자연스럽고 당연한 순서대로 발달합니다. 예를 들어 아기가 처음 보여 주는 몸짓을 '원시반사'라고 합니다. 훗날 자발적인 행동과 학습 능력에 도움이 되는 뇌 속 신경 회로가 활발하게 성장하도록 하는 것이 바로 이 원시반사에 따른 행동입니다. 아이들의 발달 속도는 제각각입니다. 하지만 이론상 정상적이고 당연한 단계를 순서대로 거치며 발달하게 됩니다.

책에 나오는 활동은 아기의 발달 순서에 따라 정리되어 있습니다. 모두 훗날 아이가 해야 할 학습에 필요한 바탕을 다지는 활동들이지요. 책에 나오는 활동을 아이와 함께 즐기고 참여해 보세요. 그러면 아이의 발달 과정을 보다 풍요롭게 만들 수 있습니다. 연령에 적합한 마사지와 속귀 자극(전정기관 자극)과 같은 활동을 선택해 하루 10분 정도 되는 간단한 프로그램을 구성하고 매일 실천해 보세요.

물론 아기가 성장하는 시기에 이런 활동을 하는 것이 만만한 일은 아닙니다. 그럴 때에는 순서를 지키되, 아이와 놀이를 하거나 좋아하는 책을 읽어 주면서 놀이를 보다 재미있게 만들어 주는 것이 최선입니다. 매일 10분만 시간을 내서 '우리 아기, 첫 두뇌 발달 놀이'를 지금 당장 시작하세요.

이때 주의할 점이 있습니다. 어떤 활동도 한 번에 2분을 넘겨서는 안 됩니다. 그리고 반드시 천천히 진행해야 합니다. 강도, 빈도, 지속 시간. 이 세 가지가 아기 발달의 핵심입니다. 이 중에서도 가장 중요한 것은 바로 반복입니다. 아이들은 본능적으로 반복적인 행동을 합니다. 발달 지연을 초래하는 가벼운 '문제'가 발생했을 때도 빈도, 강도, 지속 시간이 해결책입니다.

이 책과 더불어 건강하고 똑똑한 아이와 함께하는 행복을 누리세요.

마거릿 사세

Contents

추천의 글 | 많이 움직이는 아이가 똑똑합니다
프랜시스 페이지 글래스코, 미국 밴더빌트 대학교 소아청소년과 교수 · 004

책을 시작하며 | 아이에게는 적절한 운동 자극이 꼭 필요합니다 · 005

{ A단계 | 출생~6개월 } : 누워서 목을 가누는 시기, 기초 운동을 해요

기초 운동부터 시작하세요
똑바로 눕혀 들어 올리기 · 014   엎드린 자세로 들어 올리기 · 015
똑바로 안아 들어 올리기 · 016

소리와 리듬으로 아기 발달을 도와요
눈 맞춤하며 춤추기 · 018

원시반사를 억제하는 운동을 시작해요
벌레처럼 꼼지락꼼지락 앞으로 · 019   둥개둥개 흔들흔들 · 020

아기의 온몸을 부드럽게 마사지하세요
짐볼을 이용해 마사지하기 · 021   몸통 앞뒤 마사지하기 · 022

노래를 부르며 마사지를 해 봐요
머리와 가슴 마사지 · 023   팔 마사지 · 024   다리와 발 마사지 · 025

전신 운동이 필요해요
2~3개월 아기에게 적당한 다리와 배 발달 운동 · 026
좌우로 흔들흔들 · 027

아기 체조를 배워 볼까요?
살살 뒤집기 · 028   팔 운동 · 029   다리 운동 · 030

평형 감각 자극 운동을 해요
양옆으로 흔들흔들 · 031   앞뒤로 흔들흔들 · 032
담요로 해먹 그네 태우기 · 033

바닥에서 놀며 온몸을 발달시켜요
요리조리 구르기 · 034   엎드려서 발바닥으로 밀기 · 035

엎드려 있으면 똑똑해져요
거울아, 거울아, 누가 제일 예쁘니? · 036
둥근 통에 팔 기대어 놀기 · 037

두뇌 발달을 위해 춤을 춰요
음악 들으며 춤추기 · 038   아이에게 말 걸며 몸 움직이기 · 039

2~6개월 아기에게 꼭 필요한 운동
마음껏 구르기 · 반사작용을 이용한 발 운동 · 040
머리와 등을 튼튼하게 · 041

엉덩이와 팔다리 운동을 해요
톡톡 재미있는 풍선 차기 · 042   구부렸다 폈다 다리 운동 · 043

전정기관을 자극하는 재미있는 놀이
흔들흔들 앞뒤로 기울이기 · 044   살짝 올렸다 내리기 · 045

언어 능력을 키워 주는 속귀 자극 놀이
무릎 위에서 구르기 · 046   아기를 안고 흔들흔들 · 047

자장가와 동요를 반복해서 불러 주세요
동요 반복해서 들려주기 · 048   복순이와 복남이 동요 부르기 · 049

출생~2개월, 시력이 생기고 있어요
깜빡이는 불빛으로 시각을 자극해요 · 모빌은 이렇게 사용하세요 · 050
근거리 시력을 길러요 · 051

2~6개월, 시각 발달 놀이를 하세요
근점 시력 키우기 · 052   딸랑이 잡기 · 053

3~6개월, 꼼지락꼼지락 앞으로 나가요
아기 몸 앞으로 당기기 · 055
손과 눈의 조정력을 키워 주는 놀이 · 056   팔굽혀펴기 · 057

다리와 손발을 자극해요
발과 손으로 풍선을 톡톡톡 · 058   와, 이게 내 발이구나! · 059

운동으로 근력 키우기
깔개 위에서 시간 보내기 · 060
커다란 쿠션이나 공 위에 엎드려 구르기 · 균형반사 훈련하기 · 061

다양한 평형 감각 자극 운동을 활용하세요
앞뒤로 흔들흔들 · 양옆으로 움직이기 · 062
위로, 위로, 아래로, 아래로 · 063

{ B단계 | 6~12개월 } : 기고 앉고 걷는 시기, 오감을 깨워요

기고 앉고 일어서는 시기가 되었어요
목욕하며 즐겁게 마사지하기 · 067
집 안팎에서 감각 체험하기 · 068

음악과 함께하는 마사지는 더욱 즐거워요
마사지와 체조를 하며 청각 자극하기 · 069
양다리 구부렸다 펴기 · 070

엎드린 자세에서도 아기는 자라요
엎드린 자세로 할 수 있는 놀이 · 071
짐볼 위에 누워 흔들흔들 · 072

배밀이를 하며 주변을 탐색해요
악어 자세로 앞으로 가기 · 073
집 안 탐험하기 · 074
찬장에서 오감 자극하기 · 075

엉덩이를 들썩이는 아기에게 꼭 필요한 놀이
높은 곳 올라가기 · 076   무릎 장애물 넘어가기 · 077

어깨, 팔, 손을 골고루 발달시켜 주세요
영차영차 노젓기 놀이 · 078   손수레 놀이 · 079

근력을 자극해 평형 감각을 길러요
둥근 통 위에서 균형 잡기 · 080   공중 비행기 타기 · 081

엉금엉금 기는 아기들을 위한 운동
공간 지각력을 기르는 탐험 놀이 · 082
기어가며 균형 잡기 · 비탈 놀이 · 083

사다리를 타며 재미있게 놀아요
사다리 가로대 따라 기어가기 · 084
수직으로 세운 사다리 오르기 · 085

짚고 서서 까딱거리고 곰곰 생각해요
일어서서 짚고 다니기 · 086   가구 잡고 무릎 까딱까딱하기 · 087
상자 밖으로 나오기 · 088

10~12개월, 근력 운동을 해요
아기 턱걸이 · 089   간단한 지시에 따라 움직이기 · 090
한 발 운동하기 · 091

즐겁고 재미있게 춤을 춰요
엄마 아빠와 함께 춤추기 ❶ · 092
엄마 아빠와 함께 춤추기 ❷ · 093
엄마 아빠와 함께 춤추기 ❸ · 094

언어 발달을 위해 리듬감을 느끼게 해 주세요
무릎 위에서 말 타기 · 095
아기용 그네 타기 · 몸 앞뒤로 흔들기 · 096

다양한 시각화 놀이를 시도해요
눈으로 물체 따라가며 초점 맞추기 · 097
맞는 모양의 블록 넣기 · 098   낱말 시각화 · 099

{ C단계 } | 12~18개월 : 일어서서 걷는 시기, 온몸을 고루 발달시켜요

양쪽 뇌가 함께 작용하는 시기가 되었어요
두뇌 발달을 돕는 감각 운동 자극법 · 102

인지 능력과 근육 발달에 좋은 운동을 해요
몸을 중심으로 팔 교차하기 · 103
몸을 중심으로 다리 교차하기 · 104

12~15개월, 운동 계획을 세워 보세요
거실 가구를 활용한 놀이 · 105   사다리 가로대 넘어가기 · 106
요리조리 기어서 빠져나가기 · 107

15~18개월 ❶ 균형 감각을 길러요
둔덕이나 비탈 내려가기 · 108   뒤로, 옆으로 걷기 · 109

15~18개월 ❷ 올바른 자세로 온몸 구르기를 해요
안전하고 재미있는 앞구르기 연습 · 110
공을 이용한 낙하산반사 운동 · 111

15~18개월 ❸ 상체 발달이 중요해요
막대를 이용한 노젓기 운동 · 112   원숭이 그네에 흔들흔들 · 113
바르게 서서 공 던지기 · 114

학습 발달에 좋은 속귀 자극 운동을 해 봐요
타원형 통 위에서 균형 잡기 · 115
스쿠터보드 타고 이리저리 돌기 · 116
짐볼에서 스트레칭 하기 · 117   상체 뒤로 젖히기 · 118

흔들고 굴리며 청력 강화 운동을 해요
노래에 맞춰 앞뒤로 흔들기 · 119   연필처럼 데구루루 구르기 · 120

음악, 리듬, 노래를 즐겨요
아이가 좋아하는 노래 함께 부르기 · 121   북을 치며 랄랄라 · 122

리듬에 맞춰 춤추며 즐겁게 운동해요
엄마 아빠와 함께 춤추기 · 123

공놀이를 하며 시력을 길러 줘요
부채로 풍선 치기 · 124   앉아서 공 튕기며 주고받기 · 125
낙하산 천으로 하는 숨바꼭질 · 126

시각화 연습, 뭐든 눈으로 본 것처럼 느껴요
친숙한 그림과 책 보기 · 127

{ D단계 } | 18~24개월 : 걷고 뛰는 시기, 양쪽 뇌를 모두 발달시켜요

좌뇌와 우뇌를 함께 사용해 움직이는 시기예요
반복된 연습으로 움직임이 능숙해져요 · 130

지속적인 마사지가 필요해요
몸 뒤쪽 마사지 · 131   팔다리 마사지 · 132
앉아 자세 연습하기 · 133

놀이와 노래를 활용해 온몸을 마사지해요
동요를 부르며 마사지하기 · 134

음악에 맞춰 몸을 움직여요
연속 동작하기 · 135   동요를 부르며 마사지하기 · 136

아이가 좋아하는 율동으로 온몸을 움직여요
그대로 멈춰라 · 137   토실토실 아기 돼지 · 138

근력을 길러 주는 재미있는 운동
손으로 고리에 매달리기 · 139   의자 기어오르기 · 140

상체 발달을 돕는 운동을 해요
막대에 매달리기 · 141   영차영차 손수레 놀이 · 142

동물을 흉내 내며 걸어요
개는 멍멍, 호랑이는 어흥 · 143   코끼리 아저씨는 코가 손이래 · 144

몸을 숙이고 빙빙 돌아요
몸 여기저기 껴안기 · 145   회전의자에 앉아 빙글빙글 돌기 · 146

뇌의 통합 발달을 돕는 다양한 놀이를 준비하세요
경사면 손수레 놀이 · 147   해먹 그네 타고 빙글빙글 돌기 · 148

몸의 좌우 균형 감각을 길러요
한 발로 균형 잡기 · 149   계단 오르기 · 150
훌라후프 속으로 점프하기 · 151
큰 공 위에서 흔들흔들 · 152

박자와 리듬 감각을 익혀요
온 가족이 함께하는 리듬 연주회 · 153
리듬봉과 악기를 이용한 연주 · 154

춤으로 운동 순서를 짜 보세요
간단한 동작을 섞어 운동 순서 정하기 · 155
둥글게 둥글게, 다양한 춤추기 · 156

감각 운동으로 지각 능력을 키워요
오감 발달의 원리 · 157

콩주머니와 풍선으로 시간 감각을 익혀요
풍선 던지고 받기 · 158   콩주머니 옮겨 잡기 · 159

공놀이가 좋아요
데굴데굴 굴리고 살살 튕기기 · 160
공을 이용해 운동 계획하기 · 161

훌라후프로 할 수 있는 놀이는 정말 많아요
훌라후프를 이용한 다양한 놀이 · 162

리본과 줄도 훌륭한 발달 도구예요
리본 따라 걷고 점프하기 · 164   리본 따라 기어가기 · 165

시각 발달을 위한 운동을 해요
눈으로 물체 따라가기 · 166   손전등 불빛 바라보기 · 167

다양한 시각화 활동 놀이를 해요
그림책과 앨범 보기 · 168   흉내 내기 놀이 · 169

{ E단계 | 2년 ~ 2년 6개월 } : 호기심이 늘어난 시기, 재미있는 놀이로 근력과 균형감각을 길러요

**균형 감각과 조정력이
발달하는 시기예요**

아이 두뇌에 적절한 자극이 필요한 이유 · 172

악어 자세로 근력을 키워요

악어 자세 연습하기 · 173
악어 자세로 한쪽씩 번갈아 움직이기 · 174

신체의 좌우 인지를 위한 운동을 해요

모래 속 천사 놀이 · 175

신체를 인지하고 전정기관을 자극해요

흔들기와 구르기 · 176   준비, 점프! · 177

균형 감각을 키우는 데굴데굴 구르기

위아래로 구르기 · 178   앞구르기 · 179

점프를 하고 빙글빙글 돌아요

상자 위에서 뛰어내리기 · 180   줄 뛰어넘기 · 181
빙글빙글 돌기 · 182

흔들 보드와 평균대에서 놀아요

흔들 보드에서 균형 잡기 · 183   평균대 걷기 · 184

**춤추고 반복하면서
움직임의 순서를 익혀요**

단순하고 기본적인 둥글게 둥글게 · 185
나처럼 해 봐요, 이렇게 · 186

**노래를 부르면서
자유롭게 움직여요**

동물에 대한 노래 부르기 · 187

툭툭, 탁탁, 리듬봉으로 재미있게 놀아요

신체 인지 능력 기르기 · 188   리듬봉으로 기본 개념 익히기 · 189

콩주머니로 다양한 발달 놀이를 해요

콩주머니로 균형 잡기 · 190   머리 위의 콩주머니 떨어뜨리기 · 191

공으로 다양한 발달 놀이를 해요

공으로 균형 감각 익히기 · 192   제자리에서 공 튕기기 · 193

훌라후프를 이용해 다양한 발달 놀이를 해요

훌라후프로 운동 계획 능력 기르기 · 194
원하는 대로 훌라후프 굴리기 · 195

리본과 줄로 다양한 발달 놀이를 해요

줄 아래 통과하기 · 196   리본과 줄을 이용한 다양한 놀이 · 197

시력을 길러 줘요

원거리 추시 능력 키우기 · 198
근거리 추시 능력 키우기 · 199

**상상하는 대로 행동하는
시각화 연습을 해요**

어제 뭐 봤니? · 200   여기저기 놀러가기 · 201

{ F단계 | 2년 6개월 ~ 3년 6개월 } : 활동적인 시기, 복잡하고 정교한 동작을 익혀요

좌우를 구분해 복잡한 동작도 능숙하게 할 줄 알아요 · 204

근력과 감각 발달을 위한 놀이를 해 봐요
악어 자세로 팔다리 움직이며 앞으로 나가기 · 205
특공대 자세(교차 패턴)로 팔다리 움직이며 앞으로 나가기 · 206

호랑이처럼 두 팔, 두 다리로 기어요
앞으로 기어가기 · 207   뒤로 기어가기 · 208

손가락 발달 운동을 해 봐요
사다리를 이용한 손가락 발달 운동 · 209
손가락으로 그림 그리기 · 210

통통 높이높이 튀어 올라요
트램펄린에서 튀어 오르기 · 211   튀어 올라 방향 바꾸기 · 212

신체 인지와 개념 학습을 동시에 해요
몸에 대해 인지하고 개념 익히기 · 213
재미있는 신체 인지 놀이 · 214

빙글빙글 돌며 그네를 타요
천천히 회전하기 · 손으로 매달려 그네 타기 · 215

동물 흉내로 균형 잡힌 자세를 익혀요
동물 자세 흉내 내기 · 216   계단 오르내리기 · 218

균형 감각을 익히는 놀이를 해 봐요
흔들 보드에서 균형 잡기 · 218
균형 감각 활성화 운동 · 220

아이의 편측성, 이렇게 훈련하세요
발가락으로 구슬 집기 · 221   좌우로 방향을 바꾸며 트램펄린 뛰기 · 222

교차 패턴으로 몸을 움직여요
호랑이 걸음으로 전진 운동 · 223
발달에 도움이 되는 다양한 교차 패턴 운동 · 224

음악 듣고 춤추며 리듬을 즐겨요
재미있는 동작으로 자유롭게 춤추기 · 225   다양한 춤춰 보기 · 226

리듬봉으로 조정력을 길러요
손과 눈의 반응을 돕는 리듬봉 놀이 ·
리듬봉 소리 들으며 청취 능력 기르기 · 227

콩주머니로 다양한 운동을 해요
콩주머니 8자로 돌리기 · 228
콩주머니 다리 사이에 끼우고 한 발로 서기 · 229

다양한 크기의 공으로 하는 재미있는 놀이
손가락으로 공 가지고 놀기 · 230   교차 패턴 볼링 · 231

훌라후프로 운동 계획을 세워 보세요
훌라후프로 운동 순서 계획해 보기 · 232   연속으로 점프하기 · 233

리본과 줄로 운동 발달에 힘을 쏟아요
걸쳐 놓은 줄 따라 뜀뛰기 · 234   발끝으로 걷기와 옆으로 뛰기 · 235

다양한 방법으로 시각을 자극해요
공 매달아 놀기 · 236   주변시를 이용해 균형 잡으며 기어가기 · 237

시각화로 낱말을 익혀요
그림 맞춰 보기 · 238
없어진 게 뭐지? · 낱말 카드에 맞는 그림 찾기 · 239

부록 ❶ | 이 책에 사용된 용어 설명 · 240
부록 ❷ | 적절한 운동과 함께 아이의 영양도 잘 챙기세요 · 242

A단계
출생 ~ 6개월

Smart Start!

누워서 목을 가누는 시기, 기초 운동을 해요

{ A단계 • 출생 ~ 6개월 }

기초 운동부터 시작하세요

- 자연의 계획대로라면 모유 수유를 하도록 되어 있지만, 모든 엄마가 가능한 것은 아닙니다.
  - 전문의에게 아기에게 먹일 유동식에 대한 조언을 구해 보세요.
- 젖병을 사용할 경우 아이를 좌우 양쪽으로 안아 가며 먹이세요. 왜냐하면 아기의 몸 양쪽을 자극하고, 아기가 양손을 각각 뻗어 엄마의 가슴이나 옷을 쥘 수 있게 하기 위해서입니다.

똑바로 눕혀 들어 올리기

팔꿈치 안쪽에 아기 머리를 둔 채 들어 올리되,
처음에 오른쪽으로 안았으면 다음번에는 왼쪽으로 안아 주세요.
같은 동작을 3~5회 반복하세요.

엎드린 자세로 들어 올리기

아기를 엎드리게 하고 아기 가슴이 엄마 팔 위에 오도록 해 들어 올립니다. 이 동작도 양쪽을 번갈아 가며 반복하세요.

아기 가슴이 엄마 팔 위에 오게 하세요

TIP

아기가 태어난 후 가능한 한 빠른 시일 내에(일부 전문가는 닷새 내에 하라고 합니다.) 깨어 있는 상태에서 엎드려 눕게 하세요. 그러면 아기는 엎드린 자세에 익숙해지고, '꼼지락' 반사 해독을 되풀이할 수 있습니다. 엎드린 자세는 원시반사를 억제하는 데 매우 중요합니다. 또한 아기의 목을 튼튼하게 해, 원시반사를 억제하고 수의운동(자신이 마음 먹은 대로 몸을 움직이는 운동) 발달을 가능하게 합니다.

똑바로 안아 들어 올리기

아기를 팔 위에 앉힌 뒤 다른 팔로는
아기 등이 엄마 가슴에 닿도록 단단히 붙든 채
들어 올립니다.

{ **A단계 · 출생 ~ 6개월** }

소리와 리듬으로
아기 발달을 도와요

- 갓 태어난 아기는 청각 신경이 시각 신경보다 더 성숙한 상태입니다.
- 아기가 잠들어 있는 동안 음악이나 자연음을 작은 소리로 들려 주세요.
- 음악에 맞춰 노래하고 리듬에 맞춰 춤추듯 움직여 주세요.
- 모든 조화로운 몸짓에는 리듬이 필요하고, 그 리듬이 언어 능력을 발달시킵니다.
- 간단한 운율이 느껴지는 이야기와 표현이 반복되는 동요를 매일 들려주세요.
- 중추신경계를 거쳐 뇌까지 메시지가 전달될 수 있도록 아기를 마사지하고 천천히 운동시켜 주세요.

TIP

- 아기는 부드럽고 율동적인 춤동작을 좋아합니다. 마사지와 속귀(전정기관) 자극이 여기에 해당하지요. 공간과 자세, 박자와 흐름, 리듬과 정서적 반응은 춤의 기본 요소입니다.
- 아기와 춤을 추는 활동은 균형 감각과 공간 및 신체 인지 발달에 도움이 됩니다. 2~3개월 미만의 어린 아기는 목 근육이 머리를 버틸 정도로 아직 발달하지 않았으므로 운동을 할 때는 언제나 머리를 손으로 받쳐 주세요.

눈 맞춤하며 춤추기

아기를 마사지하고 얼러 주며 함께 춤을 추면서
유대 관계를 발달시켜 보세요.
아기 눈을 지그시 바라보며 노래를 불러 주고 사랑한다는 말을 건네세요.
노래를 불러 주며 박자에 맞춰 아기를 토닥토닥 해 주세요.

{ A단계 • 출생 ~ 6개월 }

원시반사를 억제하는 운동을 시작해요

- 아기는 자신의 몸에 대해 배워 가며 다양한 움직임을 시작합니다.
- 아기의 뇌는 태아 초기부터 발달하는데 이는 출생 당시에도 지니고 있는 원시반사(무의식적인 움직임)를 통해 알 수 있어요.
- 스스로 원시반사를 억제하는 능력은 관절, 근육, 인대, 속귀의 신경 말단과 피부를 마사지하면서 생겨납니다.

벌레처럼 꼼지락꼼지락 앞으로

탄생 전후 무렵에서부터 생후 3~4개월까지 나타나는 원시반사로, 앞으로 이뤄질 발달에 꼭 필요한 움직임입니다.
아기들은 엎드려 있을 때 하나같이 꿈틀꿈틀 앞으로 나아가는 모습을 보입니다.
두 살이 되면, 몸의 좌우를 모두 인지하는 능력을 길러 주기 위해 꿈틀거리며 나아가는 벌레 자세를 취하도록 시킬 수도 있습니다.

둥개둥개 흔들흔들

생후 4주부터는 아기가 엎드린 자세로 엄마가 가슴을 받치고 단단히 붙들어,
머리를 치켜들게 유도해 주세요. 아기를 둥개둥개 퉁기며 흔들어 주세요.
그러면 아기의 목과 어깨 근육이 튼튼해지고,
원시반사를 억제할 수 있는 통제력을 얻을 수 있습니다.
왜냐하면 원시반사는 머리의 움직임에 영향을 받기 때문입니다.

아기의 가슴을 받쳐 머리를 들도록 유도하세요

{ A단계 · 출생 ~ 6개월 }

아기의 온몸을 부드럽게 마사지하세요

- 아기가 태어난 직후부터 마사지를 해 주세요.
- 신생아는 모든 것을 이해하지는 못하지만 보고 듣고 느낄 수는 있어요.
- 마사지를 하는 데 특별한 법칙은 없습니다. 그저 엄마의 느낌대로, 아기의 반응에 맞춰 만져 주면 됩니다. 부드럽게 쓰다듬고 주무르면서 노래하고 미소 지어 주세요.
- 마사지할 때는 아기의 옷을 벗기고 따스한 수건 위에 눕힌 채 해 주세요. 손과 로션, 방 안 공기는 반드시 따뜻해야 합니다.
- 아기의 몸을 돌릴 때는 언제나 머리를 잘 받쳐 주고, 부드러운 손길로 다뤄 주세요.

짐볼을 이용해 마사지하기

공기를 살짝 뺀 커다란 짐볼이나 비치볼 위에 아기를 올려놓습니다.
아기의 몸을 붙잡은 채로 아기를 짐볼 위에서 부드럽게
위, 아래, 오른쪽, 왼쪽으로 움직여 주세요. 눕혀서도 해 주고, 엎드린 자세로도 해 주세요.
이 동작은 아기의 인대와 근육을 마사지해 줍니다.

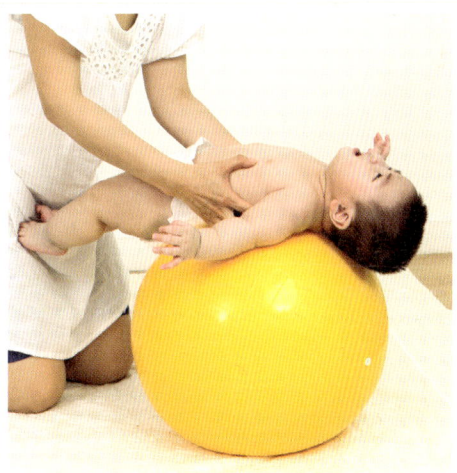

몸통 앞뒤 마사지하기

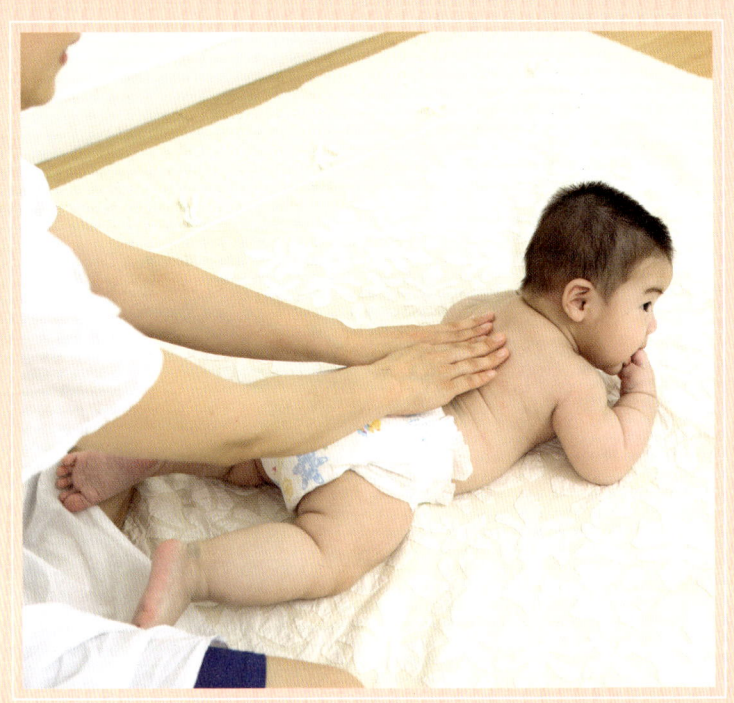

아기의 배를 시계 방향으로 둥글게 마사지한 뒤 허리를 아래로 쓸어 줍니다. 아기를 뒤집어 눕히고 온몸을 쓰다듬어 준 뒤 머리를 받친 채 옆으로 굴려 주세요. 천천히 굴리면서 아기의 척추와 등을 계속해서 쓸어 주세요. 그리고 엉덩이를 장난스러운 손길로 가볍게 두드려 줍니다.

---- TIP ----

인간은 예측 가능한 몸짓을 순서대로 하도록 타고났으며, 이러한 몸짓은 두뇌 발달에 도움이 되지요. 생후 2개월이 되면 더 많은 재료를 이용해 다양한 마사지를 할 수 있습니다.

{ A단계 · 출생 ~ 6개월 }

노래를 부르며 마사지를 해 봐요

- 아기의 몸을 가볍게 만지면서 때로는 지그시 쓰다듬거나 꼭 쥐어 주세요.
- 아기의 손바닥이나 온몸 구석구석에 입으로 장난스럽게 바람을 불어 주세요. 아기들은 온몸에 느껴지는 부드러운 감촉을 좋아합니다.
- 음악이나 콧노래 혹은 노래는 뇌와 귀를 자극합니다. 몸의 각 부분을 정의하는 노래를 만들어 보세요. 비슷한 음이나 같은 음의 낱말을 반복해서 쓰면 음악에 리듬감이 생깁니다.

머리와 가슴 마사지

머리에서부터 발끝까지 쭉 쓸어내린 뒤 머리를 둥글게 살살 문질러 주세요.
양손으로 머리를 감싸고 두피를 부드럽게 마사지하세요.
얼굴을 아래로 가볍게 쓸어 주면서 손가락으로 눈과 코를 문질러 주세요.
가슴에서부터 바깥쪽으로 그리고 어깨를 지나 아래를 향해 쓸어 주세요.

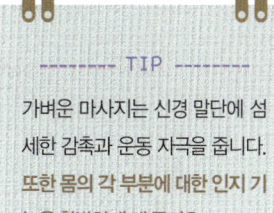

TIP

가벼운 마사지는 신경 말단에 섬세한 감촉과 운동 자극을 줍니다. 또한 몸의 각 부분에 대한 인지 기능을 활발하게 해 주지요.

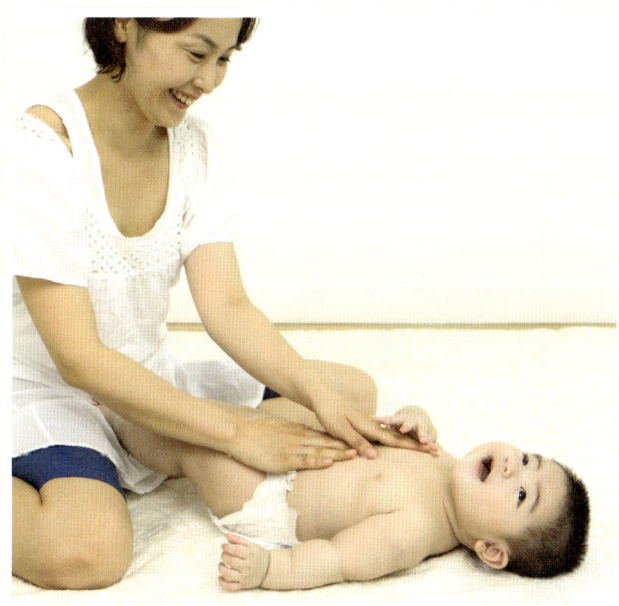

팔 마사지

온몸을 문질러 준 뒤
손에서 어깨까지, 어깨에서 손까지 마사지합니다.
마지막으로 손바닥과 손가락을
하나하나 마사지해 주세요.

손에서 어깨까지 마사지해 주세요

다리와 발 마사지

엄지손가락으로 발등을 문지른 뒤 발목을 향해 쓸어 줍니다.
발목에서 허벅지까지, 허벅지에서 발목까지 쓸어 주세요.
마지막으로 발가락을 하나하나 돌리며 눌러 주세요.

허벅지에서 발목까지 마사지하세요

{ A단계 · 출생 ~ 6개월 }

전신 운동이 필요해요

- 젖을 먹이면서 흡철반사(액체를 빠는 반사)와 파악반사(아기의 손바닥을 건드리면 꽉 쥐는 반사)를 유도해, 아기가 젖을 빠는 동시에 손을 쥐었다 폈다 하게 해 주세요.
- 분유를 먹이는 경우, 모유 수유를 할 때처럼 좌우로 방향을 바꿔 가며 먹여 아기의 몸 양쪽을 자극해 주세요.

2~3개월 아기에게 적당한 다리와 배 발달 운동

엉덩이를 들어 올려 다리를 치켜들게 하세요.
그러면 아기 스스로 다리를 구부릴 거예요.
엉덩이를 아래로 내리면 다리도 쭉 펴집니다.
이 동작은 훗날 움직일 때 필요한 배 근육을 강화시켜 줍니다.

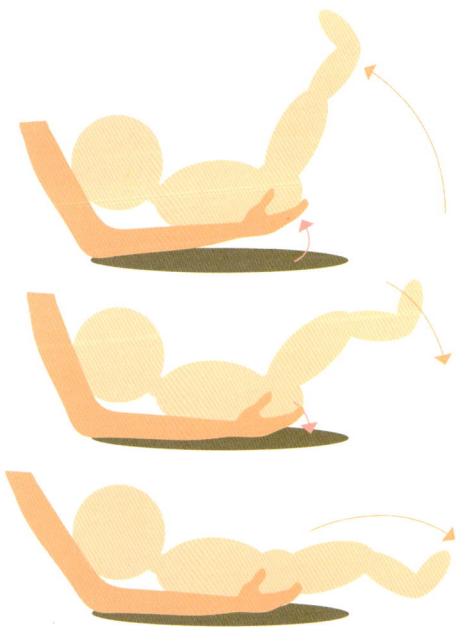

TIP

부드럽게 해 주세요. 아기를 울려서는 안 돼요! 뭐든 억지로 시키면 안 됩니다. 아기의 몸을 살짝 붙들되, 놓치지 않도록 잘 붙들어 주고, 특히 머리와 목 주변을 단단히 지탱해 주어야 합니다. 근육이 약하면 조정력도 떨어집니다. 신체 각 부분을 동시에 움직일 수 없기 때문이지요. 아기 몸을 흔들어 주면 근력과 균형 감각을 자극할 뿐만 아니라 고개를 가누는 데 필요한 목 근육을 강화시켜 줍니다.

좌우로 흔들흔들

아기를 똑바로 눕힌 채 좌우로 가볍게 흔들어 주세요.
그러면 아기도 그에 맞춰 머리를 움직일 거예요.
단, 각도는 45도를 넘지 않도록 하는 것이 좋습니다.

A 단계

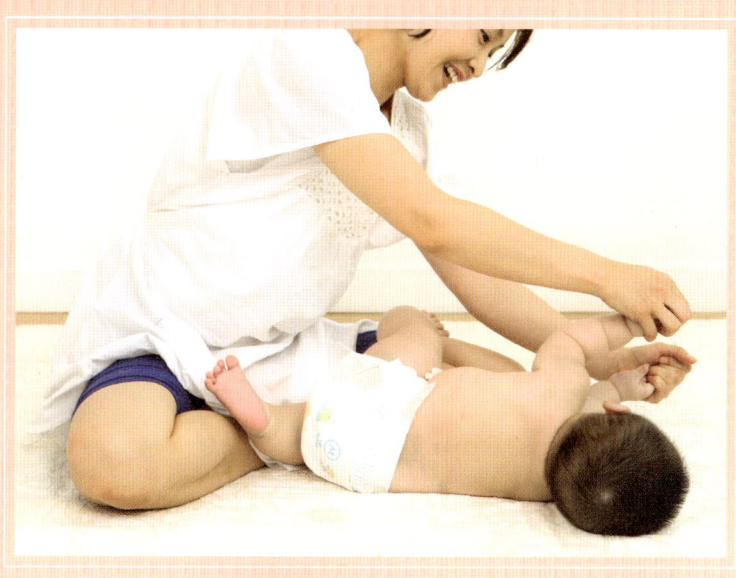

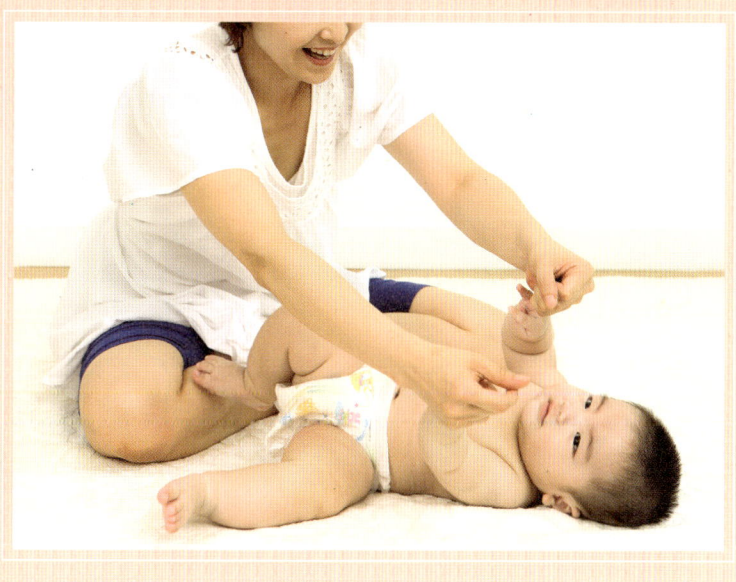

{ A단계 · 출생 ~ 6개월 }

아기 체조를 배워 볼까요?

- 아기를 똑바로 눕혀 놓으면 머리와 목, 어깨 근육이 튼튼해집니다. 원시반사를 억제하는 데 반드시 필요한 과정이지요.

- 아기가 젖을 잘 빨지 못하면 수유 전문가에게 도움을 구하세요. 젖이나 분유를 먹일 때는, 아기가 불편해하며 울거나 피부에 발진이 생기지 않는지 잘 살펴보세요.

살살 뒤집기

아기를 똑바로 눕혀 놓고 한쪽 다리를 위로 올려 부드럽게 옆으로 돌린 뒤, 무릎을 구부려 몸 반대편으로 살짝 눌러 주세요. 그러면 아기는 다리와 같은 쪽 팔을 몸을 가로질러 구부리면서 머리를 약간 들어 올릴 거예요. 이 동작은 목 근육을 튼튼하게 해 줍니다.
같은 방법으로 똑바로 누운 자세에서 엎드린 자세로
그리고 다시 똑바로 누운 자세가 되도록 여러 차례, 천천히 아기 몸을 돌려 주세요.
이때 오른손으로는 아기의 머리를 가볍게 받쳐 줍니다.

팔 운동

팔을 위아래로 그리고 안팎으로
동시에 번갈아 가며 천천히 움직여 주세요.
이 체조는 생후 1개월 아기에게 적합합니다.

반드시 천천히 부드럽게 움직여야 해요

A 단계

다리 운동

양다리를 번갈아 가며 쭉쭉 펼 수 있도록 돌돌 만 천이나 손바닥으로 반사를 활성화시켜 주세요. 아기가 발에 힘을 준 상태로 아기 스스로 천이나 엄마의 손바닥을 밀어 내게 하세요.

TIP

여기서 소개한 체조들은 아기의 팔다리를 이완시키고 근육의 탄력과 몸의 인지 기능을 키워 줍니다. 팔다리를 완전히 뻗을 수 있도록 하되 억지로는 시키지 마세요. 천천히 그리고 부드럽게 하는 것이 핵심입니다.

{ A단계 • 출생 ~ 6개월 }

평형 감각
자극 운동을 해요

- 속귀는 구조가 매우 복잡하며 그 안에 있는 전정기관(속귀에서 균형 감각을 맡고 있는 부분)은 평형 감각과 운동 감각을 담당합니다.
- 엄마는 기회가 닿는 대로 아기의 전정기관을 자극해 주어야 합니다. 원시반사를 억제하고 평형 감각을 발달시키는 데 아주 중요하기 때문이지요.
- 평형 감각은 앞으로 움직일 때, 옆으로 움직일 때 몸의 균형을 잡는 감각을 말하며, 아기가 자세를 잡고 움직이는 데 매우 중요합니다.

양옆으로 흔들흔들

아기를 앉힌 채 양옆으로 움직여 주세요.
이때 아기를 놓치지 않도록 주의하세요.

앞뒤로 흔들흔들

아기를 앞뒤로 흔들어 주세요.
이 운동은 아기가 고개를 세울 수 있게 하는 것이 목적이지만,
경우에 따라서는 목을 받쳐 주는 것이 좋습니다.
고개가 푹 꺾이지 않도록 주의하세요.
이 운동은 2~3개월 된 아기에게 적당합니다.

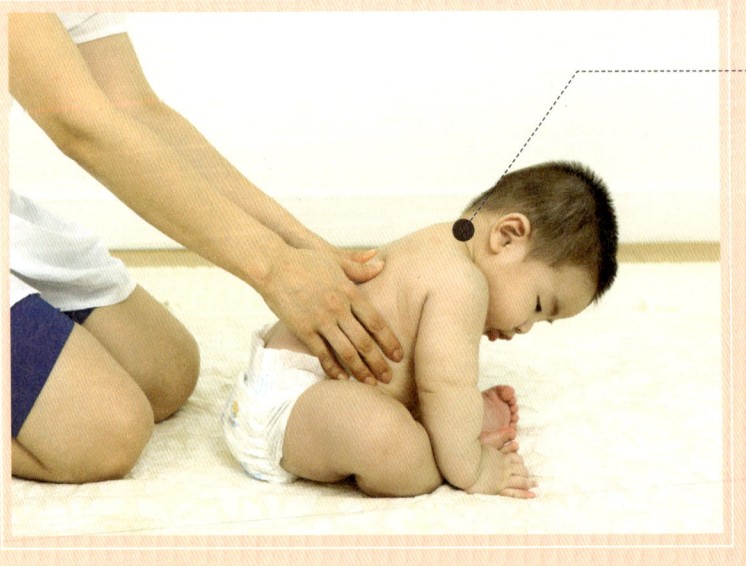

아기의 목이 너무 푹 꺾이지 않는지 확인하세요

담요로 해먹 그네 태우기

두 사람이 담요 양 끝을 각각 붙잡고
해먹 그네를 만듭니다.
해먹 안에 아기를 눕히고 이리저리 흔들어 주세요.

천천히 흔들어 주세요

{ **A단계 · 출생 ~ 6개월** }

바닥에서 놀며
온몸을 발달시켜요

- 신생아는 안정이 덜 된 상태이기 때문에 습진이나 피부발진, 변비, 설사, 반복적인 귓병, 편도선염, 호흡기 질환 등에 걸리기 쉽습니다. 그런 경우 주치의나 보육 전문가의 도움을 받으세요.

- 목 근육 강화를 위해 아래 운동을 시켜 주세요. 단, 기저귀를 갈고 난 뒤, 한두 번만 조심스럽게 시도하세요.

- 목 주위 근육이 제대로 발달하지 못하면, 무의식적인 반사 활동으로 인해 목을 제대로 가누기가 어려워집니다.

요리조리 구르기

누워서 하는 팔운동입니다.
아기의 양팔을 교차했다가 풀어 줍니다.
어깨와 목 근육을 강화하는 것이 이 운동을 하는 목적입니다.

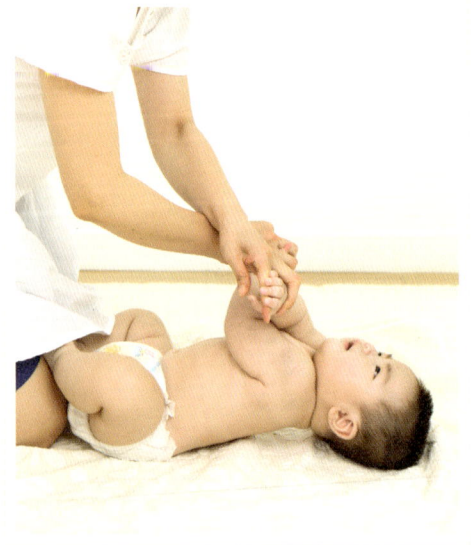
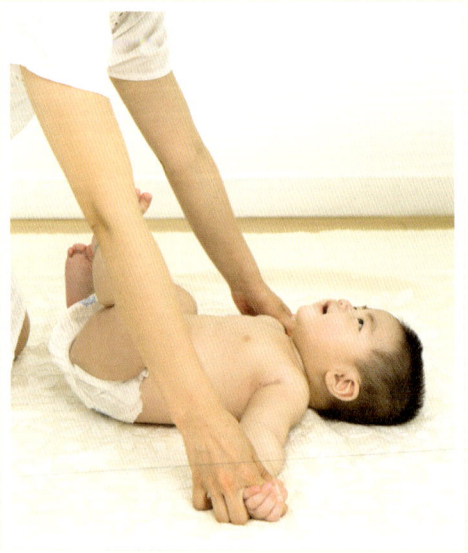

엎드려서 발바닥으로 밀기

생후 4주부터는 아기를 엎드리게 하고 무릎이 구부러질 때까지 손으로 아기의 양발을 밀어 주세요. 그러면 아기는 배를 바닥에 붙인 채 엄마 손을 밀어내며 앞으로 나갈 거예요. 엎드려서 앞으로 나아가는 동작, 바로 배밀이의 시작인 거죠. 다리를 조금 굽힐수록 아기가 미는 효과는 큽니다. 30초~1분 정도 시도해 주세요. 조금씩 자주 하는 것이 좋습니다.

TIP

여기에서 소개한 활동은 원시반사를 신속하게 억제하도록 해 줍니다. 엎드린 자세로 눕히는 것은 앞으로의 발달 과정을 위해서 중요하지요. 태어난 후 몇 주가 지나면 아기가 깨어 있을 때 잠깐씩 엎드린 자세로 눕혀 놓는 것이 좋습니다. 아기도 엎드린 자세로 노는 것을 즐기게 될 거예요.

{ A단계 · 출생 ~ 6개월 }

엎드려 있으면 똑똑해져요

- 이 시기 아기는 다양한 높낮이의 소리로 다정하게 책을 읽어 주는 것을 좋아합니다.
- 아기가 깨어 있는 동안 배를 깔고 엎드리게 하면, 귀와 코 사이에 있는 관이 막히지 않게 됩니다. 이 관이 막혀 귀의 염증을 유발하는 것을 예방할 수 있습니다.

거울아, 거울아, 누가 제일 예쁘니?

아기 앞에 거울을 세워 주세요.
그리고 거울에 비친 엄마와 아기의 모습을 보며 놀이를 해 보세요.
아기가 머리를 들어 올리는 것을 어려워할 수도 있습니다.
하지만 단 몇 초 동안이라도 아기가 머리를 들어 올리려고 애쓴 것에 의미가 있습니다.

둥근 통에 팔 기대어 놀기

아기가 손으로 자유롭게 놀 수 있도록 작은 통이나 담요를 돌돌 말아 팔 아래를 받쳐 주세요. 그러면 아기가 노는 동안 엎드린 자세를 유지하는 데 도움이 됩니다.

TIP

엎드린 자세는 아기의 움직임을 유도해 두뇌 신경 회로를 자극합니다. 언제나 똑바로 누워 있는 아기들은 꼭 필요한 몸짓을 할 수가 없고, 몸 양쪽을 고루 사용하기도 어렵지요. 발달과 학습은 근육 및 팔다리의 신경 말단이 자극받을 때 가능해집니다. 그러니 아기가 엎드려 있도록 도와 주세요. 한 번에 단 몇 분이라도 말이죠.

{ A단계 · 출생 ~ 6개월 }

두뇌 발달을 위해 춤을 춰요

- 춤과 음악은 일상에서 아주 중요한 부분입니다. 아주 어린 아기일 때에도 노래를 통해 리듬, 암기 훈련에 대한 경험을 해볼 수 있지요.
- 속귀에 자리한 신경 말단에는 자극이 필요합니다. 그래야 뇌에 신호를 보내 균형을 유지할 수 있고, 신체 및 공간 지각 능력과 근력을 기를 수 있기 때문입니다.

음악 들으며 춤추기

아기를 퉁겨 주고 흔들고 빙글 돌며 노래를 불러 줄 때에는 텔레비전이나 라디오 소리를 낮추세요. 춤을 통해 모방과 반복, 조정력을 경험하는 것은 물론, 음악의 리듬과 분위기, 느낌에 따른 움직임도 탐구할 수 있습니다. 아기는 아홉 달 동안 엄마 뱃속에서 흔들리고 움직입니다. 가벼운 춤동작은 이 같은 부드러운 자극을 다시 경험하는 것이나 마찬가지이지요. 아기를 가볍게 안고 아빠나 엄마 몸에 착 붙이세요. 필요하다면 머리를 받쳐 주세요. 이 과정을 통해 아기는 시각적 자극도 받습니다.

TIP

서서 아기를 앞쪽으로 안으세요. 그리고 빠르게 흔들고 부드럽게 걷고 달리고 몸을 흔들고 튕기고 어르거나 몸을 앞으로 구부리면서 아래로 기울이는 등 다양한 동작으로 아기를 부드럽게 움직여 주세요. 이때 아기 목을 받쳐 줘야 한다는 사실을 절대 잊지 마세요.

아기에게 말 걸며 몸 움직이기

갓난아기는 다양한 크기와 높낮이의 소리를 들으며 언어를 익힙니다. 다양한 소리를 인지할 수 있어야 언어 능력이 자라납니다. 말이란 꾸준히 들어 익히는 것이지요. 아기에게 말을 걸며 말의 리듬에 맞춰 몸을 움직여 보세요.

TIP

음악에는 리듬이 있습니다. 몸짓에도 리듬이 들어 있지요. 그래서 태어난 지 얼마 안 되었다 해도 음악과 리듬에 맞춰 몸을 움직이는 활동을 경험하는 것이 무척 중요합니다. 음악과 노래는 각기 다른 박자와 음색, 높낮이로 이뤄져 있습니다. 클래식 음악, 특히 비발디 같은 바로크 음악이나 모차르트의 음악은 '가운뎃귀(중이)의 근육에 미세 마사지' 효과가 있다고 합니다. 그래서 그런 음악을 들으면 대뇌피질의 청각 영역 전반에 자극을 주게 됩니다.

{ A단계 • 출생 ~ 6개월 }

2~6개월 아기에게 꼭 필요한 운동

- 운동은 아기가 뇌 속의 감각을 정리하는 데 도움이 됩니다.
- 운동을 많이 할수록 아기는 자동적으로 반응할 거예요.
- 이 시기의 아기는 장난감에 손을 뻗으려다 첫 뒤집기를 하는 경우가 많습니다.

마음껏 구르기

아기가 앞뒤로 마음껏 구를 수 있도록 유도합니다.
이불 끝을 접어 올리거나 하는 방법으로 경사를 만들어,
아기가 안전하게 구를 수 있도록 해 주세요.
담요에서 위아래로 굴려 주면 아기가 재미있어 합니다.

반사작용을 이용한 발 운동

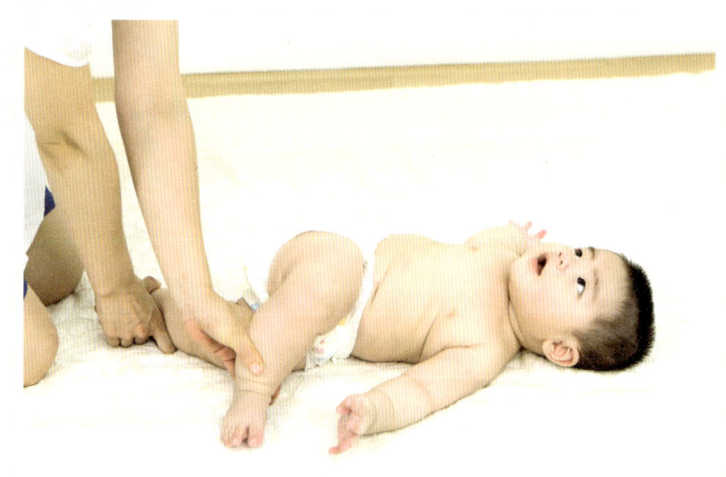

아기의 발을 쭉 폈다가 풀어 주면서 반사작용을 유도합니다. 발뒤꿈치를 누르면 발가락을 쫙 벌리고, 발바닥을 누르면 발가락을 구부립니다. 이와 동시에 다리를 구부렸다 폈다 하는 경우도 많습니다.

---- TIP ----
발의 반사작용은 훗날 걸음마를 하는 데 아주 중요합니다. 또한 피부로 느끼는 촉각은 신체 인지 활동에 꼭 필요하지요.

머리와 등을 튼튼하게

아기를 똑바로 눕힌 채 한 손으로는 목을 받치고, 나머지 한 손으로는 아기의 양손을 쥐고 천천히 부드럽게 들어 올리세요. 이때 아기의 양손을 잡은 손에만 힘을 주세요.
이 운동은 목과 어깨, 팔꿈치 근육을 튼튼하게 해 줍니다.
아래 사진처럼 머리가 젖혀질 때를 대비하고, 고개가 뒤로 젖혀지면 운동을 멈춥니다.

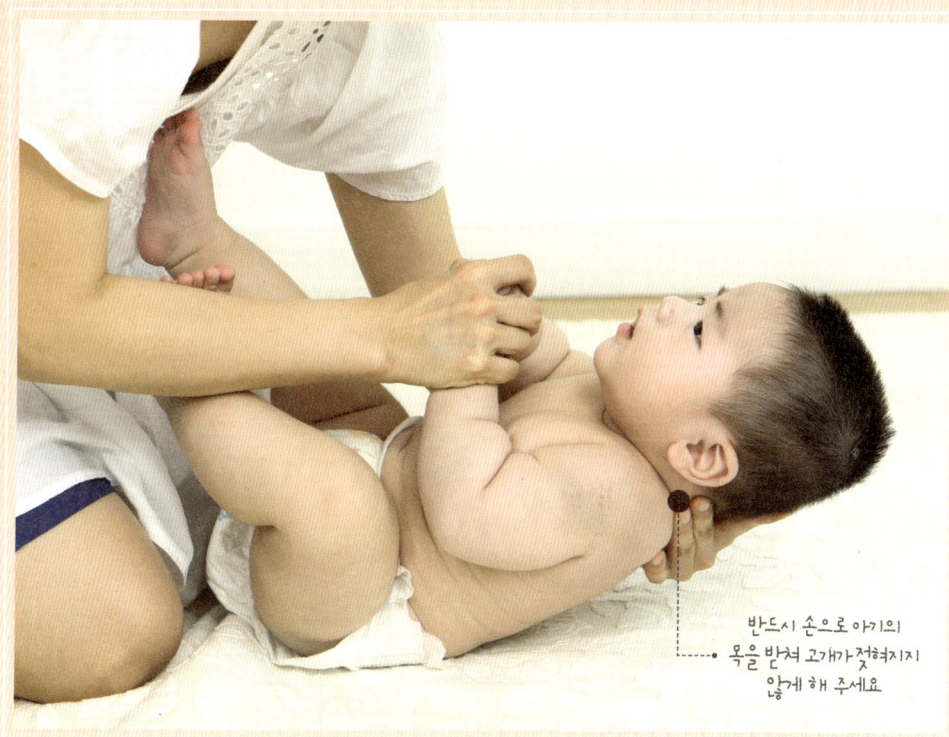

반드시 손으로 아기의 목을 받쳐 고개가 젖혀지지 않게 해 주세요

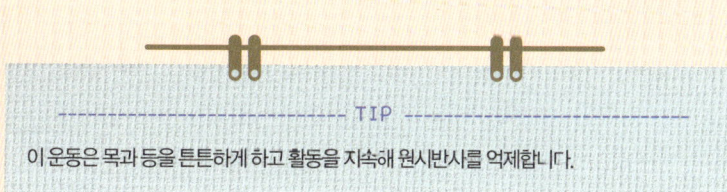

── TIP ──
이 운동은 목과 등을 튼튼하게 하고 활동을 지속해 원시반사를 억제합니다.

{ A단계 • 출생 ~ 6개월 }

엉덩이와 팔다리 운동을 해요

- 이번에 소개할 운동은 훗날 보다 복잡한 움직임을 할 때 기초가 됩니다.
- 배를 움직이는 운동은 근육, 인대, 관절에서 전해지는 신호를 더욱 풍부하게 뇌에 전달합니다. 또한 스스로 몸을 움직이는 방법을 아기에게 가르쳐 줍니다.

톡톡 재미있는 풍선 차기

2개월 정도가 되면, 아기가 다리를 들어 올려 발에 풍선이 닿게 해 주세요.
오래지 않아 아기 혼자서 풍선을 찰 수 있을 거예요.

구부렸다 폈다 다리 운동

동요에 맞춰
아기 다리를 한꺼번에,
따로따로, 위아래로, 안팎으로,
구부렸다 쭉 펴 주세요.
기저귀를 갈아 줄 때마다 같은
운동을 시켜 줍니다.
아기 엉덩이를 들어 올리고
다리를 벌리면서
'우~!' 하는 소리도 내 보세요.

------- TIP -------

몸을 움직이는 것 자체가 아기에게는 운동입니다. 움직임을 통해 이 세상에 대한 정보가 아기의 뇌로 전달되지요. 아기가 이런 운동을 조금이라도 싫어하는 것 같으면 가볍게 마사지를 해 주세요.

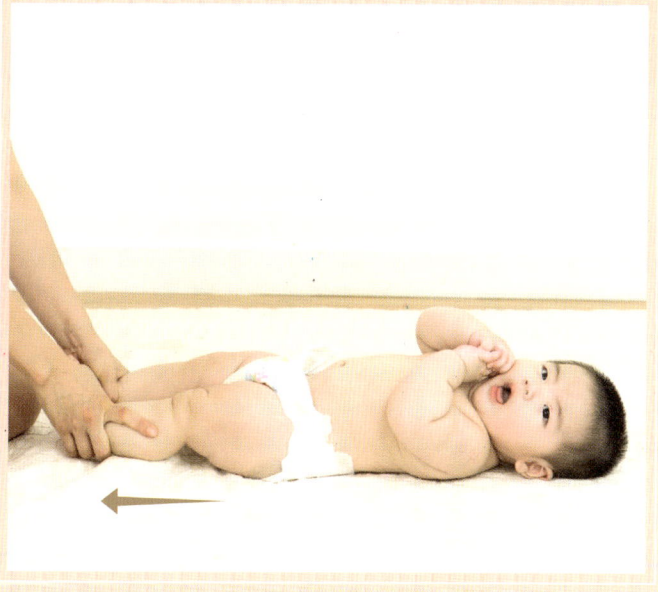

{ **A단계 · 출생 ~ 6개월** }

전정기관을 자극하는 재미있는 놀이

- 아기를 흔들의자나 요람에 눕혀 흔들어 주면 전정기관이 가볍게 자극됩니다. 이러한 자극은 아기를 진정시켜 잠들게 하는 데 도움이 되지요.
- 연구에 따르면 생후 몇 달 동안 전정기관을 일정하게 자극받은 아기는 감각 자극이 증가한 덕에 운동 기능이 빠르게 발달한다고 합니다.

흔들흔들 앞뒤로 기울이기

아기의 몸을 반쯤 세운 자세로 앞뒤로 흔들면서 노래를 불러 주세요.

흔들흔들 해 봐요
앞으로 뒤로 ♪♩
흔들흔들 해 봐요
나처럼 ♪~♫

살짝 올렸다 내리기

아기의 가슴을 앞뒤에서 단단히 붙들고 위아래로 살짝 올렸다 내렸다 해 주세요. 무릎을 굽혔다가 발에 힘을 주어 밀어 올리도록 하려는 거예요.

------- TIP -------

속귀는 구조가 매우 복잡합니다. 속귀의 말초신경을 자극하면 아주 중요한 감각 정보가 생겨나는데, 이는 뇌에 전달되는 다른 모든 감각 및 운동 정보를 통합하도록 도와줍니다. 이러한 자극은 청각만이 아니라 자세와 평형 감각, 몸의 움직임, 시력이 발달하는 데에도 중요합니다.

{ A단계 · 출생 ~ 6개월 }

언어 능력을 키워 주는
속귀 자극 놀이

- 속귀(내이) 자극은 언어 능력과 표현력 발달에 영향을 미칩니다. 청각기관과 전정기관이 서로 긴밀하게 협조해 작동하기 때문이지요.

- 박수를 치고, 두드리고, 동요에 맞춰 춤추고, 구르고, 몸을 흔들고, 튕기고, 그네를 태워 주는 등의 활동은 모두 뇌의 조화로운 움직임에 도움이 됩니다.

- 전정기관은 교통경찰과 비슷하다고 할 수 있습니다. 감각기관 전체에서 전달하는 정보를 조율하고, 각각의 감각에게 어디로 향해야 하는지, 또 언제 멈춰야 하는지를 알려 주기 때문이지요.

무릎 위에서 구르기

엄마 무릎 위에서 흔들고, 굴려 주고, 튕겨 주면 아기가 좋아합니다.
노래를 불러 주며 놀아 주세요.

우리 공주님은 흔들흔들, 데구루루, 통통통
우리 왕자님은 흔들흔들, 데구루루, 통통통

아기를 안고 흔들흔들

아기를 안고 그네를 태우듯 흔들어 주거나,
무릎에 앉힌 채 사무용 의자에 앉아 천천히 빙글빙글 돌아 주면
초기 원시반사를 억제할 수 있습니다.
이는 또한 아주 훌륭한 속귀 자극 활동이기도 하지요.
아기가 혼자 앉을 수 있게 되면, 아기용 그네를 이용해
속귀 자극 활동을 쉽게 할 수 있어요.

{ A단계 · 출생~6개월 }

자장가와 동요를 반복해서 불러 주세요

- 아기에게 반복은 매우 중요합니다. 세상에는 문화별로 고유의 자장가와 동요가 있어요. 운동을 하면서 노래를 반복해서 불러 주거나 운율이 있는 문장을 들려주세요.
- 특별한 의미가 없는 말이어도 상관없습니다. 반복해서 들려주면 언어 능력 발달에 도움이 됩니다.

동요 반복해서 들려주기

운동을 할 때는 동요를 불러 주거나 들려주세요.
어때요, 노래 부를 준비가 되었나요?
이 놀이는 생후 6주부터 할 수 있습니다. 근력이 충분히 발달하지 않은 아기의 경우 아기의 몸을 잘 지탱하면서 놀아 주어야 합니다.

복순이와 복남이 동요 부르기

복순이와 복남이는
물을 길으러 갔어요
(아기를 단단히 잡고
엄마 머리보다 약간 위쪽으로 천천히
들어 올리세요)

복순이와 복남이는
언덕 위로 올라가요
('언덕 위로'에서
팔을 뻗어 아기를 엄마 머리 위로
들어 올리세요)

복남이가 꿍~ 하고
땅에 넘어졌어요
(아기를 다시 천천히 아래로 내리세요)

복순이도 복남이처럼
데구루루
(아기를 양옆으로 흔들어 주세요)

TIP
동요는 몸짓과 운동 자극, 운율을 결합하기에 좋습니다. 아기의 몸을 튕기고, 굴리고, 옆이나 뒤쪽으로 움직이게 하는 등 다양하게 움직여 주면 리듬 감각뿐만 아니라 균형 감각도 길러져요.

{ A단계 • 출생 ~ 6개월 }

출생~2개월,
시력이 생기고 있어요

- 탄생 직후 아기는 시각은 있지만 시력은 없습니다. 물체를 볼 수 있어야 시력이 있다고 할 수 있지요. 시력은 계속해서 발달하는 중입니다.
- 깨어 있는 동안에 단 몇 분이라도 엎드려 지내는 횟수를 늘리는 것이 중요합니다.

깜빡이는 불빛으로 시각을 자극해요

하루 네 번, 한 번에 몇 분씩
크리스마스트리 전구처럼 깜빡거리는 빛을 보여 주세요.
아기의 눈을 자극하는 데 도움이 됩니다.

모빌은 이렇게 사용하세요

침대에서 20~30㎝ 떨어진 곳에
아기의 시선과 일직선이 되도록 모빌을 걸어 두세요.
그리고 며칠에 한 번씩 모빌의 위치를 옮겨 주세요.
이 시기에는 가까운 물체에 초점을 맞추는 것이 어렵습니다.

----- TIP -----

'시각'이란 볼 수 있다는 의미입니다. '시력'이란 본 대상을 알아차린다는 것을 의미하지요. 시력은 운동, 촉각, 청각, 후각, 미각으로부터 뇌가 수신한 감각적 신호를 통해 발달하고 학습됩니다. 속귀를 자극하는 활동 역시 모두 시력 발달에 도움이 되지요. 눈을 통제하는 근육 또한 속귀 기능의 영향을 받습니다.

근거리 시력을 길러요

생후 초기부터 아이가 깨어 있을 때는 엎드려
지낼 수 있도록 해 주세요. 그 이유는 여러 가지가 있지만,
무엇보다 근거리 시력을 발달시키기 위해서입니다.
필요한 경우 아기 팔 아래에 베개를 받쳐 주세요.

{ A단계 • 출생 ~ 6개월 }

2~6개월, 시각 발달 놀이를 하세요

- 생후 몇 개월 동안 아기는 눈으로 보는 것보다는 몸짓과 촉각을 통해 세상에 대해 더 많은 것을 알아갑니다.

- 2~3개월 즈음에는 대상을 바라보는 것을 비롯해 시각적 경험이 필요하므로, 모빌을 가까이 가져다 놓으세요. 모빌을 바라보는 것은 거리를 느끼고 판단하는 능력을 발달시켜 줍니다. 아기는 주먹을 꼭 쥔 채 흔들다 우연히 모빌에 달린 인형을 툭 치고 결국은 손을 벌려 움켜쥐게 되겠지요.

근점 시력 키우기

생후 2개월이 되면, 아기에게 엄마 손을 보여 준 뒤 끌어당겨 보세요.
눈으로 손의 움직임을 따라가게 유도하세요.
이 시기에는 침대에 모빌을 달아 놓으면 훌륭한 시각적 자극제 역할을 합니다.

딸랑이 잡기

아기 눈 앞이나 팔을 쭉 뻗으면 닿는 정도 거리에서 딸랑이 소리를 내 아기가 머리를 들어 올릴 수 있도록 유도하세요. 그러려면 고개를 움직여야 하므로 목을 가눌 수 있어야 하고, 물체에 초점을 맞출 수도 있어야 합니다.

TIP

이 시기에 아기는 움직이는 물체를 눈으로 쫓고 눈과 손을 조화롭게 움직일 수 있습니다. 시력은 단독으로 발달하는 것이 아니라 다른 감각과 밀접한 관계 속에서 발달합니다. 그러므로 아기가 물건을 보기만 하는 것이 아니라 듣고 만지고 맛볼 수 있게 해 주세요. 아기가 딸랑이를 가만히 쳐다보고만 있게 하지 말고, 딸랑이에서 소리가 난다는 사실을 알게 해 주세요. 아기가 시력, 청각을 발달시키고 몸짓을 조정할 수 있도록 도와주세요. 그래야 보다 발전된 방식으로 학습하고 생각하게 될 테니까요. 따스하고 다정한 손길로 아기를 만져 주면 감각의 통합을 돕는 호르몬이 아기의 뇌 안에 더 많이 흐르게 됩니다.

{ A단계 · 출생 ~ 6개월 }

3~6개월,
꼼지락꼼지락 앞으로 나가요

- 이제 아기는 바닥에서 움직이고 꼼지락댑니다. 뒤로 가는 아기도 있어요.
  아기는 머지않아 특공대처럼 앞을 향해 기기 시작할 거예요.
- 바닥에서 앞뒤로 반복해 움직이면 뇌 속 신경세포들이 자극을 받아 서로 연결됩니다.
  보다 조화로운 몸짓으로 세상 탐험에 나설 수 있게 되는 것이지요.

------- TIP -------

이제 막 탐험의 시기에 접어든 아기들에게 맞는 활동을 소개합니다

- 이 단계의 마사지는 이전과 상당 부분 같지만, 아기가 움직이기 때문에 제대로 하기가 어렵습니다. 무릎에 가로로 <u>엎드리게</u> 해 마사지를 해 주면 좀 편할 거예요.
- 아기를 바닥에 내려놓고 그곳을 신나는 놀이 장소로 여기게 해 주세요.
- 아기는 딸랑이 소리를 듣고 모양을 보거나 눈으로 쫓으며 즐거움과 자극을 얻습니다.
- 아기가 자신을 지탱할 수 있는 근력을 갖추기 전까지는 억지로 앉히지 마세요.
- 이 시기에 아기가 앞으로 움직여 나아가지 않으면 깨어 있는 동안 엎드린 자세로 두는 시간을 조금씩 늘려 가세요.

아기 몸 앞으로 당기기

아기를 위로 당겨 주면 목과 등, 어깨 근육이 튼튼해집니다. 목을 가누지 못할 때에는 머리를 잘 받쳐 주는 것이 중요합니다. 아기를 다리 위에 눕혔다가 앉는 자세가 될 때까지 아기 몸을 부드럽게 당기세요.

TIP

- 청력과 근력이 발달해 이제 아기는 옹알이를 더 많이 합니다. 운율이 있는 노래와 이야기를 들려주면서 옹알이를 부추겨 주세요.
- 아기와 대화하듯 교대로 소리를 주고받아 주세요. 머리나 눈 혹은 입을 움직이고, 또 옹알거리는 것일 뿐이지만 아기도 귀를 기울이고 있답니다.

손과 눈의 조정력을 키워 주는 놀이

몸을 흔들거리며 장난감을 잡으려고 하다 보면 손과 눈의 조정력이 발달하고 '낙하산반사'도 활발해집니다. 낙하산반사란 넘어지지 않으려고 두 팔을 앞으로 뻗을 때 일어나는 현상을 말합니다. 아기가 흔들흔들거리며 앞으로 나아가는 동안 엉덩이나 허벅지 위쪽을 잡아 주거나 천으로 된 띠로 허리를 감싸서 잡아 주세요.

팔굽혀펴기

아기를 엎드리게 한 뒤 골반을 감싸서 들어 올려주세요. 바닥에서 들어 올리면 아기는 팔을 밀며 쭉 펴게 됩니다. 반복해서 연습하되, 더 자주, 더 오래 해 주세요. 푹신한 바닥 위에서 하는 것이 안전합니다.

TIP

이 놀이들은 아기의 목과 등 근육을 강화하고, 공간 인지와 시력 조정력 또한 활발하게 해 주는 활동입니다. 앞서 했던 놀이 중에도 이와 관련된 활동이 있으며, 아기의 뇌가 발달함에 따라 예전보다 쉽게 할 수 있습니다. 물론 새로운 활동도 할 수 있게 됩니다. 그러므로 이제는 어떤 활동이든 보다 자주, 더 오래 해 주는 것이 중요합니다.

{ A단계 • 출생~6개월 }

다리와 손발을 자극해요

- 원시반사를 억제하려면 발 마사지를 많이 해 줘야 합니다.
- 발과 발가락이 유연해야 균형을 유지할 수 있고, 이 유연성은 움직임을 통해 발달합니다.
- 다리 운동은 근력은 물론, 특히 나중에 까딱거리거나 기어오르고 걸을 때 필요한 무릎의 유연성을 길러 줍니다.

발과 손으로 풍선을 톡톡톡

아기는 똑바로 누워 공중에 매달린 풍선을 손발로 차는 것을 좋아합니다. 5~6개월쯤 되면 풍선을 발에서 손으로 옮길 수 있는 아기도 있어요.

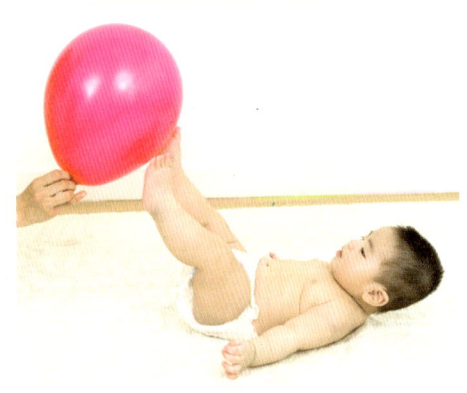
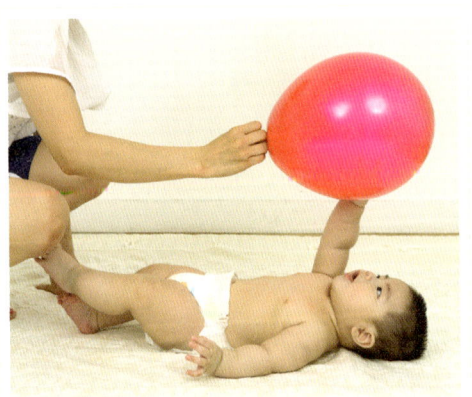

TIP

다리와 발은 아주 어릴 때부터 발달하기 시작합니다. 그 발달을 촉진시키려면 뇌에 적절한 감각 정보를 전달해 자극할 필요가 있습니다. 따라서 이 시기에 몸을 많이 움직여야 뇌에 많은 감각 신호를 보낼 수 있습니다. '사용하지 않으면 잃어버린다.'는 말이 있지요. 생후 첫해는 다리와 발을 많이 사용해 뇌세포를 자극하는 것이 매우 중요한 시기입니다.

A 단계

> 와, 이게
> 내 발이구나!

아기가 똑바로 누워서 자기 발을 만질 수 있게 해 주세요.
몸을 흔들흔들 흔들며 좋아할 거예요.
그러면서 무릎을 구부리고 엉덩이를 들어 올려 발가락을 빠는 방법을 배웁니다.
이 활동을 통해 아기는 자신의 다리와 발에 대해 알게 될 뿐만 아니라
자신의 의지대로 몸을 움직이는 방법도 익힐 수 있습니다.

{ A단계 • 출생 ~ 6개월 }

운동으로 근력 키우기

• 5~6개월이 되면서 모유와 분유 모두 먹지 않으려는 아기들이 생깁니다.
배불리 먹지 않을 경우, 아기가 식품에 예민하다는 신호일 수 있습니다.
걱정이 된다면 전문가와 상담하세요.

깔개 위에서 시간 보내기

목을 가눌 수 있게 되면서
깔개에 엎드려 있을 때 더 많이 움직이게 되고,
원시반사를 스스로 억제하는 능력이 생겨납니다.

커다란 쿠션이나 공 위에 엎드려 구르기

아기를 공 위에 엎드린 자세로 놓고 엄마가 아기를 천천히 한쪽으로 굴려 주세요. 방향을 바꿔 굴립니다. 이 운동은 아기의 목을 튼튼하게 해 주고, 목을 더 잘 가눌 수 있게 해 줍니다. 또한 근력 발달에도 도움이 됩니다.

TIP

이 기간 동안 아기는 팔다리를 들어 올려 조화롭게 움직이는 방법을 익힙니다. 그와 함께 시각, 청각, 촉각, 후각, 미각은 물론 목을 가누는 능력과 근육도 발달하게 되지요. 고개를 가눌 수 있어야 앞으로 나아갈 수도, 원시반사를 억제할 수도, 또 근력을 기를 수도 있습니다. 이때쯤 벌써 엎드린 자세로 배밀이를 하는 아기도 있습니다.

균형반사 훈련하기

아기를 비치볼 위에 똑바로 눕히고 잡은 뒤, 공 앞이나 옆으로 떨어지지 않을 정도로 아기의 몸을 기울여 주세요. 그러면 균형반사가 나타나면서 아기가 배 근육에 서서히 힘을 주게 됩니다. 엎드린 자세로도 반복해 주세요.

{ A단계 · 출생 ~ 6개월 }

다양한 평형 감각 자극 운동을 활용하세요

• 여기서 소개하는 활동은 운동 감각을 자극하는 데 아주 좋습니다.
아기를 위아래로, 이리저리 천천히 조심스럽게 움직이면 더욱 좋습니다.

앞뒤로 흔들흔들

아기가 누웠다 섰다 할 수 있도록 앞뒤로 흔들어 주는 운동입니다.
다리를 쭉 펴고 그 위에 아기를 눕힙니다. 아기 발은 엄마나 아빠의 배에 붙여 주세요.
아빠가 뒤로 누우면 아기가 서게 됩니다. 이 운동은 10번이면 충분해요!

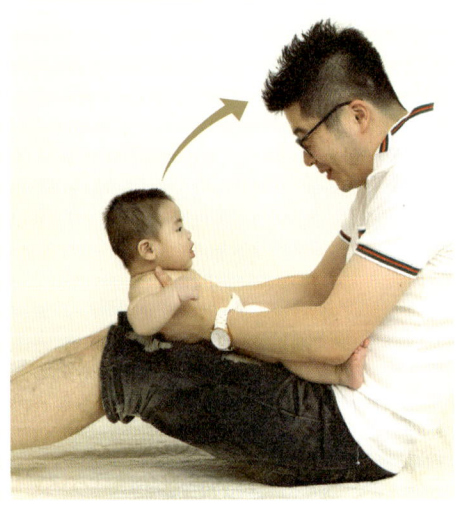
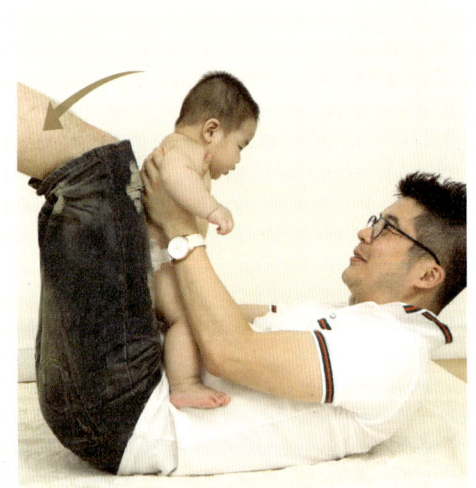

양옆으로 움직이기

아기가 다리로 엄마 허리를 감싸게 하고 무릎에 앉힙니다.
아기를 단단히 붙들고 양옆으로 움직이세요.
아이와 눈을 마주쳐 주세요! 노래도 불러 줍니다.

둥글게 둥글게, 둥글게 둥글게, 빙글빙글 돌아가며 춤을 춥시다……

위로, 위로, 아래로, 아래로

아기를 수직으로 세워서 위아래로 움직여 주세요. 아기가 자기 발에 무게를 싣지 않도록 아기의 몸통을 잘 붙들어 주세요.

TIP

- 이 운동들은 뇌에 강력한 감각 신호를 보냅니다. 공중에서 어떤 자세를 취할지, 자세를 바꿀 때 눈을 어떻게 움직여야 하는지, 그 자세를 유지하려면 어떤 근육이 필요한지를 알려 주는 신호들이죠. 이러한 신호는 무엇보다도 언어 능력을 활성화시킵니다.
- 제대로 할 수 있겠다 싶은 활동만 실천에 옮겨야 합니다. 확신이 서지 않을 때에는 인형이나 동물 장난감으로 먼저 연습을 하세요.
- 각 운동은 1~3회만 하면 됩니다.

A 단계

B단계
6 ~ 12개월

기고 앉고 걷는 시기, 오감을 깨워요

{ **B단계** · 6~12개월 }

기고 앉고
일어서는 시기가 되었어요

- 이제 아기들은 금방이라도 돌아다닐 것만 같습니다. 이미 앉아 자세로 배밀이를 하거나 이것저것 짚으면서 돌아다니고 있기도 하지요.
- 배밀이와 기는 활동은 중요한 뇌 회로를 만들어 냅니다. 아기들은 보통 5개월 정도에 배밀이를 하며 기어 다니고, 이것저것 짚으면서 돌아다니다 마침내 걷습니다.
- 물론 걷는 시기는 아이마다 다릅니다. 어딘가에 기대어 움직이는 것은 걷는 것과는 다릅니다. 이 두 가지를 동시에 시작하는 아기도 있습니다.

------- **TIP** -------

**아기가 걷기 시작할 때
조심해야 할 사항**

- 집 안에서 위험한 것들은 모두 없애야 합니다. 콘센트는 덮개를 씌우고, 귀중품은 아기 손에 닿지 않는 곳으로 치워 주세요.
- 바닥을 깨끗이 하되 아기가 자유롭게 세상을 살필 수 있도록 해 주세요. 아기를 울타리 안에 넣어 두면 움직임이 자유롭지 못하니 차라리 아기 대신 위험한 물건을 안전하게 보관하는 것이 좋습니다.
- 아기를 보행기에 앉혀 두지 마세요. 자연스러운 발달을 위해서는 아기 스스로 배밀이를 하고 기어 다녀야 합니다.

목욕하며 즐겁게 마사지하기

목욕을 시킬 때나 아기 몸의 물기를 닦아 줄 때는 여러 재질의 수건을 사용해 보세요. 아기를 욕조물에 담근 뒤 샤워 타월이나 스펀지 혹은 플라스틱 재질의 목욕용 장난감으로 몸을 두드리거나 문질러 주세요. 아기에게 따뜻한 물과 찬물을 가르쳐 주세요. 손과 발도 빼놓지 말고 씻겨 주세요.

TIP

담요나 천 위에 아기를 눕히고 뒹굴게 해 주면 아기의 뇌에 감각 신호가 전달됩니다. 마사지를 해 주면 따스함과 유대감이 전해지고, 또 아기가 자신의 몸 구석구석을 인지하도록 돕지요. 마사지를 하면서 신체 부위를 소리 내어 이야기해 주세요. 마사지에는 여러 종류가 있습니다. 몸 전체를 손가락으로 꾹꾹 쥐어 주어 깊게 압박을 하거나, 부드러운 브러시나 천으로 가볍게 쓸어 줄 수도 있고, 공 같은 물건으로 톡톡 두드려 주거나 굴려 줄 수도 있습니다.

집 안팎에서 감각 체험하기

감각 경험은 참 중요합니다. 이렇게 해 보세요.
- 해먹 그네 태우기
- 경사진 곳에서 데굴데굴 굴려 주기
- 부드러운 잔디, 자갈, 모래 등 여러 재질로 된 표면 느끼게 해 주기
- 꽃 향기 맡기

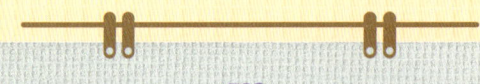

TIP
- 피부로 받은 감각은 주변에서 받은 신호를 판독을 위해 필요할 경우 운동 동작을 결과로 만들어 내기 위해 신경중추를 지나 뇌로 전달됩니다.
- 이 연령대 아기에게 마사지를 하는 것은 '나 잡아 봐라' 놀이를 하는 것만큼이나 쉽지 않습니다.

{ B단계 • 6~12개월 }

음악과 함께하는 마사지는 더욱 즐거워요

- 마사지는 옷을 벗긴 채 하는 것이 좋지만 꼭 그렇게 하지 않아도 괜찮아요.
- 아기는 어른만큼 추위를 타지 않는다는 사실을 기억해 두세요.
- 아기가 끊임없이 움직이려고 할 것이니, 아기를 엎드리게 한 뒤 체조와 병행해 마사지를 해 보세요.
- 이때 마사지는 신속하고 확실하게 해야 해요.
- 마사지를 할 때에는 재미있는 소리가 나거나 찍찍거리는 장난감 혹은 거울을 쥐어 주세요.

마사지와 체조를 하며 청각 자극하기

아기의 등과 배를 부드럽게 마사지하세요.
마사지하거나 체조를 시킬 때에는
다정하게 말을 걸거나 박자를 살려 노래를 불러 주세요.

양다리 구부렸다 펴기

아기의 다리를 구부렸다 폈다 하며 운동을 시켜 주세요. 이때 아기의 손과 손가락, 발과 발가락도 잊지 말고 마사지하세요.

---- TIP ----

- 손과 발은 중요합니다. 가능한 한 맨발로 지내도록 해 주세요. 발에 느껴지는 감각을 통해 시력과 행동이 조화를 이루고 더불어 평형 감각도 발달합니다.
- 소리를 내거나 음악을 들려주며 숨바꼭질 놀이를 해 보세요. 이때 아기의 청각이 자극됩니다. 소리가 어디서 시작되었는지 아기가 알아낼 수 있을까요? 아기가 소리나는 쪽으로 고개를 돌린다면 알아냈다는 뜻입니다.
- 음악은 아기를 진정시키고 편안하게 하며 자극을 줍니다. 게다가 기분까지 좌우하지요.
- 엄마가 먼저 행복해야 합니다. 엄마 기분이 아기에게 전염되니까요!

{ **B단계** · 6~12개월 }

엎드린 자세에서도 아기는 자라요

- 아기에게 앉는 자세를 강요하지 마세요.
- 보통은 엎어 자세로 배밀이를 하거나 어느 정도 기어 다닌 후 근력이 충분히 발달하면 스스로 일어나 앉습니다.
- 이런 순서를 차근차근 거쳐야 바른 자세로 앉을 수 있어요.
- 엎드려서 시간을 보낼 때 아기는 주변을 둘러봅니다. 근점(가장 선명하게 볼 수 있는 거리) 시력과 시각 조정에 중요한 시기이지요.

엎드린 자세로 할 수 있는 놀이

아기가 엎드린 자세로 장난감이나 책을 보고, 소리의 정체를 알아내려고 몸을 들거나 거울 속에 비친 자기 모습을 바라볼 수 있도록 유도하세요.

------- TIP -------
운동 기능이 제대로 발달한 아기는 여러 운동 경험을 통해 세상에 대해 학습합니다. 덕분에 심각한 사고도 피할 수 있지요.

짐볼 위에 누워 흔들흔들

아기들을 큰 짐볼이나 비치볼에 똑바로 혹은 엎드린 자세로 올려놓고 엄마가 아기를 잡고 흔들어 주면 아주 좋아합니다.
운동을 할 때에는 언제나 아기를 잘 보살펴 주세요!

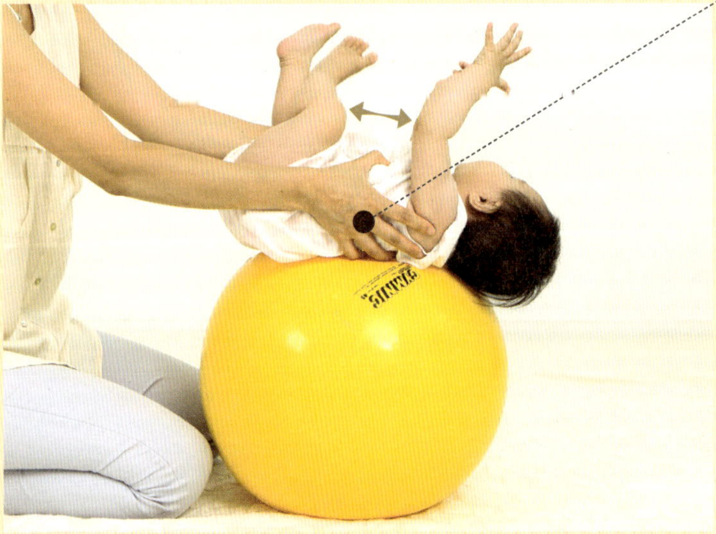

아기 몸이 떨어지지 않도록 단단히 잡아 줍니다

{ B단계 • 6~12개월 }

배밀이를 하며 주변을 탐색해요

- 타고난 유전자와 경험이 얼마나 조화롭게 상호작용 하느냐에 따라 뇌 발달의 정도가 달라집니다.
- 아기가 발달 초기에 겪는 일들이 뇌 신경을 형성하는 데 도움이 되지요. 이때 배밀이는 뇌 발달에 있어 중요한 단계 가운데 하나입니다.
- 배밀이는 빨리 하는 아기도 있고 늦게 하는 아기도 있습니다.
- 배밀이가 늦는 것은 엎드려서 지내는 시간이 부족하고 근력 발달도 더뎌서인 경우가 많습니다. 지능과는 전혀 상관이 없습니다.
- 특공대 자세로 배밀이를 하는 아기는 머지않아 깁니다. 그다음에 가구를 짚고 일어서지요.
- 아기가 자신이 원하는 대로 활발히 돌아다니고 기어 다니도록 놓아두세요. 무리해서 걷게 하지는 마세요.
- 일찍 걷는 아기가 늦게 걷는 아기보다 똑똑한 것은 아닙니다.

악어 자세로 앞으로 가기

악어 자세로 배밀이를 할 때 처음에는 몸의 한쪽만 씁니다. 그러다가 시간이 지나면 다른 쪽 팔다리도 쓰고, 양손과 양발을 모두 씁니다. 하지만 금세 제대로 밀고 나가게 됩니다. 팔다리를 교차해서 움직이는 행동은 나중에 배를 댄 채 팔다리를 교차해 앞으로 밀고 가는, 일명 특공대 자세가 됩니다.

집 안 탐험하기

아기가 각기 다른 재질로 된 바닥을 기어 다니면서 주위를 둘러싼 모든 것을 듣고 보고 맛보는 시기가 있습니다. 발달 과정 중에 매우 중요한 시기입니다. 아기는 이 시기를 무척 좋아합니다. 스스로 움직일 수 있으니까요.

찬장에서 오감 자극하기

이 시기 아기들은
자석에 달라붙듯 부엌 찬장에서 떨어질 줄을 모릅니다.
냄비와 프라이팬이 선사하는 감각 자극이 얼마나 근사하겠어요!

B 단계

{ **B단계** · 6〜12개월 }

엉덩이를 들썩이는 아기에게
꼭 필요한 놀이

- 아기는 엎드려 지내며 뇌 자극을 받습니다.
- 엉덩이를 들썩이며 엉금엉금 기어 다니는 단계를 아예 건너뛰는 아기도 있습니다. 특히 일찍부터 앉기 시작한 아기들이 그런 양상을 보이지요.
- 아기를 억지로 앉히지 않으면 그런 일은 피할 수 있습니다. 생후 6개월이 지나고 스스로 넘어지지 않게 해 주는 보호반사가 발달할 때까지 아기를 앉게 해서는 안 됩니다.
- 보호반사는 아기가 다양한 자세를 취할 때 눈이 이에 적응하며 나타나는 반사 활동입니다. 뇌 속 신경의 상호 연결이 풍부해지려면 이 같은 반사작용이 발달해야만 합니다.

높은 곳 올라가기

높은 곳을 오르내리게 하는 것은 엉덩이를 들썩이던 아기가 엉금엉금 기어 다닐 수 있게 해 주는 아주 좋은 방법입니다.

B 단계

무릎 장애물 넘어가기

사진에서 보다시피 장난감을 손에 넣으려고 장애물 위를 지나가려고 하면 엉덩이를 들썩이던 아기도 엎드리지 않을 수 없어요!

---- TIP ----
엉덩이를 들썩이며 움직이던 아기들도 결국 걷게 되고, 건너뛰었던 감각 운동 자극을 경험하게 됩니다. 일반적인 발달 과정을 거치지 않는다고 해서 건강에 나쁜 것은 아닙니다.

{ B단계 • 6~12개월 }

어깨, 팔, 손을 골고루 발달시켜 주세요

• 균형이 잡히지 않은 식단은 아기 발달과 행동 양상에 나쁜 영향을 줄 수도 있습니다.

• 만약 아기의 행동이나 발달에 관해 걱정스러운 점이 생기면 전문가를 찾아 상담해 보세요.

영차영차 노젓기 놀이

아기에게 작은 막대를 쥐어 주거나 엄마의 손을 붙잡게 하고 앞뒤로 밀고 당겨 주세요.
근력 강화를 위해 팔꿈치를 구부리게 유도하세요.
아기 머리가 내려올 때 필요하다 싶으면 엄마가 손으로 머리를 받쳐 주세요.

TIP
- 손은 팔과 어깨의 연장이라고 할 수 있습니다. 팔 근육이 약하면 손으로 쥐는 힘도 약해지죠.
- 아기가 고개를 가누지 못하면 머리를 붙잡아 주세요. 보통은 엎드려 지낸 시간이 충분하지 않을 때 이런 모습을 보입니다.
- 가늘게 말아놓은 이불이나 쿠션 위에서 아기가 조금 더 엎드려 지내게 해 주는 것도 어깨와 팔 근육 강화에 좋습니다.

손수레 놀이

팔 힘이 부족할 경우, 작은 공을 아기 배 밑에 깔고 앞뒤로 굴려 주면 차츰 손을 짚고 이동할 준비가 될 거예요. 이때 아기의 손이 바닥에 평평하게 붙어 있는지 주의 깊게 살펴보세요. 아기의 팔 힘이 부족한데 무리하게 운동을 시키면 안 됩니다. 턱을 바닥에 찧거나 다치지 않도록 항상 머리를 보호해 주세요.

TIP

아기를 엎드리게 한 뒤 엉덩이를 붙들고 들어 올려 손으로 바닥을 짚을 수 있게 합니다. 아기 스스로 바닥을 짚으면서 이동할 수 있게 유도하면서 동요나 아이가 좋아하는 노래를 불러 주세요.

{ B단계 · 6~12개월 }

근력을 자극해 평형 감각을 길러요

- 유아기에는 뇌 신경 발달을 위해 평형 감각을 활용하는 운동을 반복해 주어야 합니다.
- 근력이 평형 감각에 얼마나 영향을 미치는지 기억해 두세요. 근력이 부족한 아기는 여러 가지 어려움을 겪을 가능성이 있습니다.
- 평형반사 역시 전정기관(속귀)을 통해 발달하고 활발해집니다.

둥근 통 위에서 균형 잡기

아기를 둥근 통이나 쿠션 위에 앉히고 앞뒤로 천천히 부드럽게 흔들어 주세요. 혹은 양발을 벌린 채 걸터앉게 해 양옆으로 흔들어 균형을 잡으면서 발을 놀릴 수 있게 해 주세요. 이렇게 하면 아기의 배와 등 근육이 튼튼해지고 평형 감각을 기르는 데 도움이 됩니다.

TIP

- 평형 감각을 기르는 전정기관 운동을 시킬 때는 항상 머리와 목을 보호해 주세요.
- 통이나 짐볼, 비치볼 혹은 엄마무릎 위에 앉혀 놀이를 하게 하세요.
- 이러한 활동을 통해 아기는 앉고, 기고, 짚으며 움직이다 결국 똑바로 일어설 준비를 하게 되지요.
- 아기가 스스로 하기 전까지 절대 앉거나 서게 강요하지 마세요.
- 아기는 근력이 충분해지고, 평형반사까지 완전히 발달하면 비로소 배밀이를 하고, 앉고 기고 짚고 일어서고 마침내 걷습니다. 이 반사는 원시반사와는 다릅니다. 평생 남는 자세반사이지요.

공중 비행기 타기

바닥에 등을 대고 누워 다리를 공중에 치켜들고 무릎을 구부리세요.
그 위에 아기를 엎드리게 하고는 다리를 위아래로 움직여
공중 비행기를 태워 주세요.

B 단계

{ **B단계** • 6〜12개월 }

엉금엉금 기는 아기들을 위한 운동

- 기어 다니는 것은 감각 자극과 근력 및 시력 발달에 꼭 필요한 단계입니다.
- 아기가 기어 다닐 때 눈과 손 사이 거리는 책을 읽을 때의 거리와 같습니다.
- 아기는 기어 다니면서 눈 근육을 조절하고 초점을 맞춰 바라보는 능력이 발달합니다.

공간 지각력을 기르는 탐험 놀이

의자나 탁자 아래를 기어 다니면 공간 지각 능력이 자랍니다.
아기는 장난감을 보고 말 그대로 눈 깜짝할 사이에 목적지에 도착합니다.
갖가지 의자, 장식장, 상자 등으로 아기를 위한 장애물을 만들어 주세요.
단, 모서리나 날카로운 부분에 아기가 다치지 않도록 조심하세요.

B 단계

기어가며 균형 잡기

바닥보다 높은 곳을 기는 것은 쉽지 않은 일입니다. 그런데도 아기는 그런 곳을 몇 번이고 왔다갔다하며 즐거워하지요. 이 운동에는 거리를 지각하는 시각 능력이 필요합니다.

비탈 놀이

주변에 언덕이나 비탈을 찾아보세요. 마당이나 놀이방에 하나쯤 만들어 둬도 좋습니다. 아기들은 비탈을 기어 올라가거나 굴러 내려오며 무척 좋아합니다.

TIP

- 기어가기는 배밀이를 해 앞으로 나갈 수 있게 된 후 뒤따르는 단계로, 감각 운동 발달에 매우 중요합니다.
- 아기는 공간에 대해 신속하게 학습합니다. '이 공간을 지나갈 수 있을까?', '저 장난감까지 도착하는 데는 얼마나 걸릴까?' 이런 생각을 하는 거죠.
- 아기는 균형을 유지하기 위해 팔다리를 교차로 움직입니다. 왼쪽 무릎을 내밀 때 오른손을 함께 내짚습니다. 이는 앞으로의 신체 발달의 초석이 됩니다.

{ B단계 · 6~12개월 }

사다리를 타며 재미있게 놀아요

- 자유롭게 움직일 수 있게 된 아기는 사다리에 매료됩니다.
- 10개월 즈음까지 아기는 사다리 가로대 위로 다리를 끌어올리면서 손으로 다음 가로대를 잡는 방법을 학습하지요.
- 아기가 사다리를 다섯 손가락으로 제대로 감아쥐고 있는지 주의 깊게 살피세요.

사다리 가로대 따라 기어가기

아기가 무릎이나 다리 그리고 손을 짚어 이동할 수 있도록 도와주세요.
엄지손가락으로 가로대 아래를 감싸서 쥐는 방법을 익히면
훗날 연필도 바르게 쥘 수 있습니다.

수직으로 세운 사다리 오르기

기어오르는 방법을 익히는 데는 수직 사다리가 가장 쉽습니다. 위쪽으로 기어가는 것과 다를 바 없지요. 아기가 발을 가로대 위에 걸치도록 도와주세요. 필요하면 손도 제대로 쥐도록 도와주세요.

TIP
- 처음부터 잘 하지 못한다고 실망하지 마세요. 반복이 최고의 학습법입니다.
- 근처 목공소나 맞춤 가구점에 주문해 소형 아기용 사다리를 마련해 보세요. 아기가 다음 가로대로 가려고 위로 혹은 앞으로 나아가는 동안, 손아귀 힘이 발달하고 근력도 자랍니다.

{ B단계 · 6~12개월 }

짚고 서서 까딱거리고 곰곰 생각해요

- 기고 서고 짚고 다니는 것은 모두 원시반사의 결과입니다. 고개를 숙이면 다리가 쭉 펴지고 팔이 구부러지는데, 고개를 들면 팔이 쭉 펴지고 다리가 구부러지는 거죠!
- 아기는 가구 주변을 이리저리 맴돌면서 일어서는 방법을 배웁니다.
- 무엇인가 짚고 다니는 것은 걷는 것과 다릅니다.

일어서서 짚고 다니기

아기가 가구를 짚고 걸어다니도록 해 주세요.
하지만 이것은 아직 걷는 것이 아니에요.
걷도록 강요하지 마세요.

가구 잡고 무릎 까딱까딱하기

물체를 짚고 일어서려면 자연히 무릎이 굽혀집니다.
바닥에 물건을 놓아두면 아기는 위아래로 까딱거리며 움직이게 되지요.
이 역시 근육이 어느 정도 발달해야 할 수 있는 운동입니다.

B 단계

상자 밖으로 나오기

아기와 상자는 절친한 놀이 친구입니다. 아기가 상자 밖에 있는 장난감을 잡으려고 밖으로 나가는 방법을 알아내려고 생각하는 모습을 지켜보세요.

아기가 다치지 않도록 종이와 같이 안전한 재질의 상자를 이용하세요.

TIP

몸을 일으켜 세우고 물건을 짚고 버틴다고 해서 아기가 곧 걷는 것은 아닙니다. 훗날 자유롭게 걷기 위해 다리 힘을 기를 시간을 주세요. 기어 다니는 몇 개월, 그 중요한 기간이 선행되어야 합니다. 또한 5개월을 채워 배밀이를 하고 기었다 해도, 바로 걷기부터 하면 훗날 학습 장애를 겪을 수도 있습니다.

{ B단계 · 6~12개월 }

10~12개월, 근력 운동을 해요

- 몸을 당길 때 아기가 막대나 고리를 제대로 쥐도록 도와주어야 합니다.
- 아기가 몸을 일으키는 동안 엄마가 아기 손을 감싸 쥐세요.
- 만약 근력이 아직 약한 상태라면 근력에 자극이 되도록 아기의 팔을 조금 간질여 주세요. 무턱대고 당겨서는 안 됩니다.
- 노래나 운율이 있는 말에 맞춰 팔다리 근력 발달을 위한 운동을 해 보는 것도 좋습니다.

아기 턱걸이

아기에게 막대나 고리를 잡게 한 뒤 당겨 주세요.
이 운동은 팔꿈치의 근력 발달에 도움이 됩니다.
아기의 손 모양은 엄지로 막대 아래를 감싸고
나머지 손가락으로 위를 감싸야 바른 모양입니다.

간단한 지시에 따라 움직이기

손뼉을 치고, 물건끼리 딱딱 부딪치고,
딸랑이를 흔드는 것은 아주 좋은 운동입니다.
음악에 맞춰 지시를 따르게 하면 박자 감각이 발달합니다.

한발 운동하기

가구와 같은 지지대에 의지해 일어서게 한 후 한 발로 풍선 등의 물체를 차게 합니다.

B 단계

TIP

이제 아기는 몸 양쪽을 함께 써서 일을 수행하는, 좌뇌와 우뇌를 함께 사용하는 단계에 들어서고 있습니다. 앞으로 일어날 일을 예측해 행동하는 방법을 배우고는 있지만, 적절한 타이밍에 맞게 실천에 옮기는 것은 여전히 어렵지요. 그러니 격려는 하되 강요하지는 마세요.

{ B단계 · 6～12개월 }

즐겁고 재미있게 춤을 취요

- 전정기관, 평형 감각, 시력은 서로 관계가 깊습니다.
- 다음에 소개하는 운동은 아기의 두뇌 발달에 도움이 됩니다.
- 10개월 차에 접어든 아기는 다루기 어려울 수 있습니다.

엄마 아빠와 함께 춤추기 ❶

아기를 퉁기고 흔들며 춤을 추세요.
목을 잘 가누는 아기는 허리를 감싸 안으면 됩니다.
목을 가누는 것이 아직 서툰 아기는 머리와 목 부위를 잘 받쳐 주세요.

엄마 아빠와 함께 춤추기 ❷

양옆으로 그리고 둥글게 아기를 회전시켜 주세요.

B 단계

엄마 아빠와 함께 춤추기 ❸

그네를 태우듯 위아래로 흔들어 주세요. 앞의 운동을 여러 차례 되풀이하거나 왈츠를 춘다든지 하는 식으로 자신만의 방법을 추가해도 좋습니다.

---- TIP ----

- 만일 아기가 지나치게 무겁거나 엄마 몸이 좋지 않거나 혹은 엄마가 임신했다면 위로 들어 올리는 운동은 자제하세요.
- 속귀 자극은 근력 발달에 도움을 주며 대근육 운동 기능에 중요합니다.
- 근력과 근강도는 다릅니다. 근력은 인간이 마음대로 통제할 수 없으며 감각 운동 신호에 좌우되는 뇌 기능이지요. 반면에 근강도는 다이어트를 위한 지방 감량 프로그램과 같은 과정을 통해 자율적으로 기를 수 있습니다.

{ **B단계** · 6~12개월 }

언어 발달을 위해
리듬감을 느끼게 해 주세요

- 리듬은 언어와 발달 학습에 꼭 필요합니다.
  수학에서조차 순서 배열을 위해서는 리듬 감각이 필요하지요.
- 다음에 소개하는 운동은 균형 잡힌 발달에 매우 중요합니다.

무릎 위에서 말 타기

아기를 마주보도록 무릎에 앉힌 뒤에 손을 잡아 주세요.
그리고 노래를 부르면서 아기를 까불까불 얼러 주세요.

아가씨는 이렇게 (천천히 흔들면서)
농부 아저씨는 이렇게 (빠르게 흔들면서)
아저씨는 이렇게 타지요 (더 빠르게 흔들면서)

속도를 달리 하고 다리를 교대로 들어 올리는 등 새로운 방식을 만들어 보세요.

아기용 그네 타기

그네를 부드럽게 밀거나 회전시켜 주세요. 스스로 앉을 수 있게 되면, 아기는 틀림없이 그네 타는 것을 가장 좋아할 거예요.

TIP
- 반드시 아기용 그네를 갖춰, 설치하는 것이 좋습니다.
- 구르기, 튕기기, 회전하기, 옆으로 혹은 위아래로 그네 태우기 등 앞서 배운 운동은 재미로만 하는 것이 아닙니다. 아기의 발달을 향상시키기 위해서입니다.
- 아기를 그네를 태우듯 흔들거나 부드럽게 회전시키는 동안 뇌에 메시지가 전달된다고 생각해 보세요. 눈 근육도 함께 움직여야 합니다.

몸 앞뒤로 흔들기

바닥에 다리를 쭉 펴고 앉으세요.
무릎을 약간 세워 아기를 앉히고 몸을 뒤로 젖히면, 아기는 엄마 배에 선 듯한 자세가 됩니다.
그 자세로 몸을 앞뒤로 흔들어 주세요.

{ B단계 · 6~12개월 }

다양한 시각화 놀이를 시도해요

- 시각화란 특정 대상의 생김새, 감촉, 냄새, 맛을 기억하는 능력을 말합니다.
- 대상이 움직이는 모양이라든지 소리의 순서를 기억하는 것도 마찬가지입니다.

눈으로 물체 따라가며 초점 맞추기

공이나 장난감을 따라가려면 집중해서 쳐다볼 수 있어야 합니다.
장난감을 옆으로, 위아래로, 눈앞에 휙 지나가게 하거나
멀리 혹은 가까이 움직여 주세요.
장난감에 다가가면서 아기는 거리에 따라
눈의 초점을 조절하는 방법을 배우게 됩니다.

맞는 모양의 블록 넣기

물건을 구멍에 넣는 것은 재미도 있지만,
집중력 발휘에도 아주 좋습니다.
눈과 손을 조화롭게 움직여야 하거든요.
아기는 물건이 눈에 보이지 않아도 아예 사라진 것은
아니라는 사실까지 배우게 됩니다.
'어디에 있지?'라고 생각하는 것이지요.

낱말 시각화

가로 세로 각 20㎝인 하얀 카드에 검정 매직펜으로 낱말 한 개를 씁니다. 낱말 7개 정도를 하루 4번씩 보여 주세요. 매일 원래 카드 한 장을 새 카드로 바꿔 줍니다. 그리고 낱말 카드와 그림 카드를 서로 맞춰 보게 해 보세요. 낱말 뜻은 묻지 말고, 그냥 카드를 보여 주고 발음을 들려줍니다. 그러면 말을 배워 나가면서 아기가 낱말을 시각화할 수 있을 거예요. 즐겁게 해 주세요!

※ 주의 : 그림과 낱말을 한 카드에 써서 보여 주지 마세요!

TIP

- 발달 단계 중 이 시기에는 아기가 여기저기 돌아다니기 때문에 무엇을 하든 시각 자극을 받게 됩니다.
- 다양한 상황에 처하게 되고 운동 능력이 보다 발달하면서 시각화를 겪게 되기도 합니다. 이는 감각 경험을 통해서 발달하지요.
- 환경과 상황은 천차만별입니다. 어떤 아기는 애완동물과 친해집니다. 시골에 사는 아기도 있고 도시에 사는 아기도 있지요. 대부분 볼 수 있지만 그렇지 못한 아기도 있으며, 그러한 경우 다른 감각 신호에 의존합니다.

C단계
12 ~ 18개월

Smart Start!

일어서서 걷는 시기,
온몸을 고루 발달시켜요

{ C단계 · 12~18개월 }

양쪽 뇌가 함께 작용하는 시기가 되었어요

- 이제는 양쪽 뇌의 시기라고 할 수 있습니다. 양쪽 뇌가 함께 작용하는 단계인 거죠.
- 이 시기에는 무엇보다 운동 능력이 눈에 띄게 발달하고, 언어 능력은 두드러지지 않습니다.
- 아이가 언제 걷는지에 지나치게 신경 쓰지 마세요. 아이는 5개월 정도를 엎드려서 지내다가 배밀이를 하며 기어 다니고, 직립 자세에 적응하며 물건을 짚고 일어서서 돌아다니며, 결국 타인의 도움 없이 걷게 됩니다. 이때 중요한 것은 각 시기에 겪는 감각 운동 자극입니다.

두뇌 발달을 돕는 감각 운동 자극법

평형 감각이 좋아진 아이는 무릎을 까딱거리고 달리며 조정력을 단련합니다.
아이가 혼자서 걷기 시작하면 가능한 한 자주 함께 걸어 주세요.
처음에는 아주 천천히 걷기 시작해 평평한 바닥을 걷다 비탈길을 오르내리고,
그후에는 달립니다. 얼마나 멀리 그리고 빠르게 걷는지 매일 지켜보며
그 자체를 놀이로 여기도록 만들어 주세요.

TIP
위험한 장소에서는 아이용 몸끈을 사용하세요. 아이가 멀리까지 안전하게 걸을 수 있다면 되도록 유모차에 태우지 마세요.

{ C단계 • 12~18개월 }

인지 능력과 근육 발달에 좋은 운동을 해요

- 이 시기에 아이는 어떻게든 엄마 손에서 벗어나려고 합니다. 마사지하기가 쉽지 않지요. 그러므로 기저귀를 갈 때나 목욕시킬 때 혹은 무릎 위에 안고 있을 때 마사지를 해 주고, 마사지를 하는 동안에는 말을 걸어 주세요.
- 목욕을 하면 아이가 얌전해집니다. 이때 몸을 마사지하고 근육과 인대를 풀어 주기에 좋습니다.
- 여러 종류의 마사지 도구를 사용하세요. 다양한 재질의 수건을 활용하는 것도 좋습니다.
- 마사지와 운동은 반드시 천천히 해야 합니다. 왜냐하면 근육과 인대에서 보내는 메시지가 뇌에 도달하는 데 시간이 필요하기 때문입니다.
- 아이의 팔다리를 움직이면서 리듬을 살려 노래를 불러 주세요.

몸을 중심으로 팔 교차하기

천천히 해야 하는 운동입니다. 아이를 무릎에 앉히고 팔을 위아래와 안팎으로 쭉 당겨 줍니다. 힘을 주지는 마세요. 그러고 나서 아이 팔을 교차해서 안아 줍니다. 왼팔을 오른팔 위로 교차했으면 그다음에는 오른팔을 왼팔 위로 교차시킵니다. 몇 번 반복해 주세요.

몸을 중심으로 다리 교차하기

아이의 한쪽 다리를 올려 발이 코에 닿을 정도까지 끌어 올렸다가 내려 줍니다. 발을 바꿔 같은 동작을 반복합니다. 몇 번 반복한 뒤에는 양쪽 다리를 번갈아 가며 귀나 뺨까지 올려 줍니다.

TIP

지금 소개한 운동은 마사지를 하면서 신체 인지 능력을 길러 주고, 동시에 근육 및 인대를 자극하기 위한 것들입니다. 팔다리를 바깥으로, 또 교차해서 확실하게 쭉 당겨 주세요. 하지만 어떤 경우라도 억지로 해서는 안 됩니다. 노래를 부르며 리듬에 맞춰 동작을 해 주세요.

{ C단계 · 12~18개월 }

12~15개월, 운동 계획을 세워 보세요

- 운동 계획이란 어떻게 움직일지 그 순서를 계획하는 능력을 말합니다.
- 아래 소개하는 운동을 통해 운동 계획의 첫 단계를 착실하게 다져 주세요.

거실 가구를 활용한 놀이

아이가 집 안 곳곳의 가구를 이용해 즐겁게 놀도록 허락해 주세요. 가구를 기어오르거나 장애물을 타서 넘거나 내려오는 놀이를 통해 아이는 몸을 움직이는 방법을 학습합니다.

사다리 가로대 넘어가기

양 끝에 책을 놓고 그 위에 사다리를 올려놓으세요.
손으로 앞쪽에 있는 가로대를 잡고 가로대를 넘어가 보라고 하세요.
그다음에는 책이나 낮은 의자에 사다리를 올려놓고 똑같이 해 보라고 하세요.
중요한 운동이므로 난이도를 점차 높여 주는 것이 좋습니다.

요리조리 기어서 빠져나가기

사다리 가로대 사이를 지나가거나 의자 아래를 기어가려면 여러 감각이 함께 작용해야 합니다. 이 운동을 통해 공간 지각 능력이 빠르게 발달합니다. 아이가 손바닥을 평평하게 펴고 손가락을 쫙 펼친 채 바닥을 짚는지 잘 살펴보세요.

C 단계

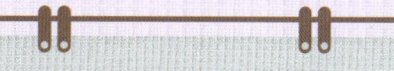

TIP

사다리 가로대를 넘거나 기어 올라가면서 발을 올리고 가로대를 쥐거나 놓는 때를 적절하게 맞추려면 운동 계획 능력이 필요하고 그런 일을 경험해 본 적이 있어야 합니다. 이는 의자 아래로 지나가려면 몸을 낮춰 기어야 하는 이유를 알아낼 때도 마찬가지입니다. 여기에 소개한 운동들은 뇌 속에 순서 회로를 형성시켜 주며, 여러 차례 반복한 후에는 자동으로 순서에 맞게 행동할 수 있게 됩니다.

{ C단계 · 12~18개월 }

15~18개월 ❶
균형 감각을 길러요

- 이 시기에 아이는 움직임이 활발하며, 말을 시작하기는 하지만 아직 두드러지지는 않습니다.
- 지금 일어나고 있는 일과 관련해 다양한 언어 표현을 들려 주세요.
그렇지 않은 말들은 아이에게는 소음에 지나지 않습니다.
- 아이가 걸을 때 균형을 유지할 수 있도록 가능한 한 자주 도와주세요.
우선은 평평한 바닥에서 걷게 한 뒤, 모래와 흙처럼 다른 재질로 된 땅 위를 걷게 하세요.
- 발과 눈의 위치 및 자세에 대해 뇌에 동일한 메시지를 보내는 방법을 배워야 합니다.
이 작업이 제대로 이뤄지지 않으면 몸의 균형이 흐트러집니다.
- 뇌 속에서 몸의 자세에 대해 조화를 이루려면 반복 연습이 필요합니다.
아이가 맨발로 걸어야 하므로 방을 따뜻하게 해 주면 더 좋습니다.

둔덕이나 비탈 내려가기

집 안에 간단한 둔덕이나 비탈을 만들어 주세요. 처음에는 균형을 잡기 위해 팔을 세게 휘두를 거예요. 필요하다면 뒤에서 살짝 붙들어서 받쳐 주세요. 비탈을 올라갈 때는 팔을 벌리게 하고 팔꿈치 아래를 지지해 주면 됩니다. 균형 감각이 좋아지면 아이는 빨리 달리는 방법을 배우게 됩니다. 또 무릎을 까딱거리며 놀지요. 그러면 다리와 무릎, 엉덩이 근력이 발달합니다. 무려 80년 넘게 유지되어야 할 근력이에요!

뒤로, 옆으로 걷기

뒤나 옆으로 걸으려면 균형 감각과 더불어 신체 및 공간 지각 능력이 필요합니다.
처음에는 도와주지만, 점차 아이 혼자 걷게 해 주세요.
옆으로 걷고, 뒤로 걷고, 쭈그리고 앉도록 유도해 보세요.
이 운동은 시각 조정력을 기르는 데 중요합니다.

C 단계

{ **C단계** · 12~18개월 }

15~18개월 ❷
올바른 자세로 온몸 구르기를 해요

- 아이가 귀에 조금이라도 불편을 느끼면 진지하게 살피고 치료해 줘야 합니다.
- 귓병은 식이 때문에 생기는 경우가 많습니다. 특정 음식에 과민할 경우 귀앓이를 앓게 되는 것이지요.
- 귓병을 앓으면 소리와 말을 이해하기 어려워 언어 능력 발달이 더뎌질 수 있습니다.

안전하고 재미있는 앞구르기 연습

웅크린 아이를 엄마 옆에 세운 뒤, 왼팔을 아이 허리에 두르고 상체를 숙여 줍니다.
오른팔을 아이 머리 위에 얹어 아래로 살짝 눌러 주며 앞구르기를 시킵니다.
손을 떼지 않고 확실하게 지탱해 주어야 아이의 머리를 보호할 수 있습니다.
자신이 없다면 헝겊 인형으로 연습해 보는 것도 좋습니다.

TIP

머지않아 아이 스스로 앞구르기를 할 수 있습니다. 이때 아이가 올바른 자세를 취하도록 도와주세요. 머리는 반드시 아래에 닿아야 합니다. 아이가 몸을 구르는 동안 머리와 목을 잘 받쳐 주어야 합니다. 또한 푹신한 매트 위에서 해야 한다는 사실을 잊지 마세요.

공을 이용한 낙하산반사 운동

큰 통이나 공에 몸을 걸친 채 엎드리게 하세요.
아이의 엉덩이를 살짝 밀면 낙하산반사가 나타나
아이가 바닥을 향해 팔을 쭉 뻗게 됩니다.
이때 머리를 살짝 눌러 주면, 공을 앞으로 구르면서
몸 굴리기를 할 수 있습니다.

C 단계

{ C단계 · 12~18개월 }

15~18개월 ❸
상체 발달이 중요해요

- 가능하다면 시중에서 파는 아이용 그네봉을 장만해 주세요. 실내에 단단히 고정해 두면 날씨에 상관없이 늘 사용할 수 있습니다.
- 구르기 매트를 그네봉 아래에 깔아 안전 사고에 대비하세요.

막대를 이용한 노젓기 운동

영차, 영차, 노를 저어라!

아이와 마주보고 앉아 손을 잡고 몸을 앞뒤로 흔들어 주세요.
뒤로 누울 때는 몸을 곧게 펴야 하고, 일으켜 세울 때는 팔꿈치를 굽혀야 합니다.
5회 반복하면 충분합니다.

원숭이 그네에 흔들흔들

아이를 고리 2개에 매달리게 하고는 원숭이처럼 몸을 앞뒤로 흔들리게 해 주세요. 엄마가 고리를 마주 잡고 아이가 매달리도록 도와줘도 좋습니다. 이 운동은 아이가 가슴을 열고 심호흡을 하도록 도와줍니다.

TIP
아이가 바닥에 떨어져도 다치지 않도록 푹신한 매트 위에서 하면 더욱 좋습니다.

바르게 서서 공 던지기

바르게 서서 팔을 위로 쭉 뻗어 큰 공을 아주 높이 들어 올렸다가 던지게 해 보세요.
공을 던지려면 손에서 공을 놓을 때를 알아내는 시간 감각이 필요합니다.
이 시기에 아이들은 공을 너무 일찍 놓아 버리는 경우가 많지요.
그네봉이나 철봉 등에 손으로 매달려 흔들리는 운동은 팔꿈치 근력을 길러 주고 목 근육도 강화시켜 줍니다.
어깨와 팔꿈치, 손의 근력이 부족하면 훗날 글씨를 쓸 때 어려움을 겪을 수도 있습니다.

{ **C단계 · 12~18개월** }

학습 발달에 좋은
속귀 자극 운동을 해 봐요

- 연구에 따르면 뇌 속 신경 회로가 발달하는 데 있어 속귀 자극이 어느 정도 작용을 한다고 합니다.
- 몸을 이리저리 움직이며 운동을 하면 전정기관을 자극하게 되고, 신체 및 공간 지각 능력, 근력, 눈 근육 발달에 필요한 조정력이 발달합니다.
- 전정기관은 근력에 지대한 영향을 미치며, 발달장애 혹은 학습장애를 일으키는 것은 대부분 이 근력이 부족해서입니다.

타원형 통 위에서 균형 잡기

엄마가 아이를 잡고 긴 통이나 쿠션 위에 앉힌 다음 다리가 통 위로 가도록 아이의 몸을 뒤로 살짝 밀어 아이가 균형을 잡도록 유도하세요.
아이를 앞뒤로 움직여 평형반사를 활성화시켜 주세요.

스쿠터보드 타고 이리저리 돌기

스쿠터보드에 엎드린 자세로 다리를 뒤로 쭉 뻗어 올리게 하세요.
손으로는 보드 가장자리를 잡게 해 손가락이 바퀴에 끼지 않도록 하세요.
보드를 천천히 이리저리 밀고 돌려 주세요.

---- TIP ----

빙글빙글 도는 것은 회전의자에 앉아서도 할 수 있지만, 스쿠터보드를 추천합니다. 집에서 만들기보다는 사서 쓰는 것이 좋아요. 스케이트보드와는 다르니 아이 혼자 사용하거나 보드 위에 올라서게 해서는 안 됩니다.

짐볼에서 스트레칭 하기

아이를 커다란 비치볼이나 짐볼에 등을 대고 눕힌 뒤, 팔을 머리 위로 쭉 뻗어 공에 닿게 합니다. 앞뒤 스트레칭을 한 뒤에는 옆으로도 스트레칭을 시켜 줍니다. 아이를 뒤로 젖히면 낙하산반사가 일어나며, 머리를 보호하려고 팔을 아래로 뻗게 됩니다. 낙하산반사는 무의식적으로 나타나며 평생 지속됩니다.

C 단계

---- TIP ----

아이의 반응에 귀기울여 주세요. 아이가 고통스러워하거나 겁을 먹으면 즉시 운동을 멈추고 귓병이 생기지 않았는지 살펴봅니다. 공 대신 의자를 활용하는 등 보다 가벼운 운동으로 바꿔서 시도해 보세요.

상체 뒤로 젖히기

아이가 다리로 엄마 허리를 감싸게 한 뒤 아이를 안아 주세요.
엄마가 몸을 앞으로 기울이면 아이는 반쯤 물구나무 선 자세가 됩니다.
이때 머리 뒷부분, 목, 등을 잘 받쳐 주세요.

{ C단계 · 12～18개월 }

흔들고 굴리며
청력 강화 운동을 해요

- 속귀 자극은 청력, 듣고 이해하는 능력을 길러 주고, 아직 소실되지 않은 원시반사를 억제하는 데 큰 도움이 됩니다.
- 학습에 필요한 시각화 기술을 발달시키려면 반드시 듣고 이해하는 능력을 갖춰야 합니다.
- 외국어 학습은 지능 발달이나 뇌 발달에 매우 이롭습니다.

노래에 맞춰 앞뒤로 흔들기

아이를 엄마 허벅지에 눕히고 손을 잡아 주세요.
그리고 몸을 앞뒤로 흔들어 주세요.
아이가 좋아하는 노래에 맞춰 리듬을 느끼게 해 주면 더욱 좋아요.

연필처럼 데구루루 구르기

아이를 다리 위에 가로질러 눕히고 손은 머리 위로, 다리는 아래로 쭉 펴게 하세요.
연필처럼 말이죠. 그러고는 발을 향해 데굴데굴 굴려 주세요.
두 사람이 마주 앉아 바닥에서 굴리거나 경사진 곳 아래로 굴려 주는 것도 좋습니다.
엎드린 자세로 마무리한 후 마사지해 주세요!

TIP
이 시기에는 구르는 동안 팔다리가 쭉 펴지지 않아도 걱정하지 마세요.

{ C단계 · 12~18개월 }

음악, 리듬, 노래를 즐겨요

- 청력을 자극해 주면 이해력과 언어 능력이 쑥쑥 자랍니다.
- 음악 놀이에 필요한 준비물은 오로지 아이와 엄마 그리고 목소리입니다. 노래를 잘 하지 못해도 아이는 신경 쓰지 않아요. 그러니 한번 해 보는 거예요!
- 엄마가 기뻐하면 아이에게도 행복한 감정이 전달됩니다. 이건 학습으로 되지 않아요.

아이가 좋아하는 노래 함께 부르기

아이를 무릎에 앉히고 동요를 불러 주면서 아이 몸을 흔들흔들 해 주세요.
노래하면서 발을 굴러 주어도 좋고, 아이를 가볍게 토닥여 주어도 좋습니다.
아이의 상황에 맞는 가사를 직접 만들거나 읊어 줘도 재미있겠지요?

송아지 송아지 얼룩 송아지
엄마 소도 얼룩소, 엄마 닮았네

TIP
- 모든 몸짓에는 리듬이 있습니다.
- 장난감 악기를 가지고 놀면 아이가 좋아해요! 물체를 두드리며 박자 감각을 키워 줄 수 있지요. 간단한 악기를 직접 만들어 보세요.
- 음악은 아이에게 특별한 영향을 줍니다. 청각 경험은 지적 잠재력을 개발하고 확장하는 데 도움이 됩니다.
- 자라고 있는 아이의 신체에 음식으로 영양을 공급하는 것과 마찬가지로 아이의 뇌가 빨리 발달하도록 음악, 멜로디, 음조와 화음으로 영양을 공급할 수 있어요.

북을 치며 랄랄라

아이에게 마라카스(마라카 열매를 말려서 그 속에 말린 씨를 넣어 소리가 나게 만든 악기) 한 쌍을 쥐어 주고 놀이용 노래나 동요에 맞춰 흔들게 하세요. 북이나 딸랑이, 종도 좋습니다.
한 음절, 두 음절, 세 음절의 쉽고 재미있는 낱말을 들려주면 재미있습니다.
예를 들어 '땡 땡 땡', '치카 치카 치카', '두두둥 두두둥 두두둥' 하고 말이지요.

{ C단계 · 12~18개월 }

리듬에 맞춰 춤추며 즐겁게 운동해요

- 음악과 수학을 관장하는 뇌 속 회로망은 서로 연결되어 있습니다. 아기가 몇 살이든 이 연결을 활발하게 해 주는 것이 좋습니다.
- 리듬을 활용하세요. 수학을 배우거나 운동을 계획할 때 필요한 순차 기억을 돕는 것이 바로 리듬이거든요.

엄마 아빠와 함께 춤추기

박자에 맞춰 아이를 걷게 하세요. 중간중간 멈춰 서서 다음 운동을 하세요.
- 무릎을 까딱거리며 앉았다 일어났다 합니다.
- 엄마 발 위에 아이를 서게 한 뒤, 좌우로 흔들어 줍니다.
- 한 발씩 번갈아 가며 흔들어 줍니다(한 발로 서서 균형을 잡는 거죠).
- 팔 아래를 붙들고 그네를 태우듯 흔들어 주세요.

※ 이 책에는 각 발달 단계별로 이와 비슷한 운동이 많이 나오니 참고하세요.

---- TIP ----

- 무릎을 굽히며 까딱거리는 운동은 무릎 근력 발달에 중요합니다. 장애물을 타서 오르고 무릎을 들어 올려 넘어가며, 계단을 오르고 가구 같은 물건을 기어오르고 걷는 데 꼭 필요한 근력이지요.
- 춤을 추다가 멈추고, 또다시 춤을 추면 리듬 감각이 자극됩니다. 아이가 아직 자유롭게 걷지 못한다면 공중으로 들어 올려 주세요.
- 운동을 많이 시킨다고 해서 무조건 발달에 도움이 되는 것은 아닙니다. 자신만의 속도대로 발달해 나가도록 해 주세요.

{ C단계 · 12~18개월 }

공놀이를 하며
시력을 길러 줘요

- 공이나 풍선을 가지고 놀면 각기 다른 거리에 있는 물체를 눈으로 추적하는 시각 조정력을 길러 줄 수 있어요.
- 비치볼, 풍선, 짐볼, 소프트볼 등 다양한 크기와 재질의 공을 활용해 아이의 시력 발달을 도와주세요.

부채로 풍선 치기

공중에 매달아 놓은 풍선을 손으로 치는 방법을 보여 주세요.
처음에는 손으로, 그다음에는 도구를 써서 쳐 봅니다.
그리고 나서 부채나 파리채처럼 넙적한 도구로
바닥에 놓인 풍선을 치며 굴리는 방법을 보여 주세요.
아이가 잘 할 수 있도록 도와주세요. 풍선을 따라가도록 유도해 보세요.

앉아서 공 튕기며 주고받기

아이 앞에 앉거나 무릎을 꿇은 채, 지름 20㎝ 정도의 공을 튕겨 줍니다.
공놀이를 할 때는 눈으로 공을 따라가면서
두 눈 사이의 시각을 조정하는 능력이 있어야 합니다.
뿐만 아니라 적절한 타이밍에 공을 놓을 줄도 아는 운동 기술이 필요합니다.

C 단계

낙하산 천으로 하는 숨바꼭질

부드러운 천으로 낙하산을 만드세요. 낙하산 천 중앙에 풍선을 놓고 숨바꼭질을 해 보세요. 낙하산을 흔들면서 풍선이 '위로 위로 위로', '아래로 아래로 아래로' 풍선이 오르내리는 모습을 아이가 지켜보게 하세요. 한 번 더 해 볼까요!

TIP
- 아이들은 자신 주변의 모든 물건에 관심을 기울이고, 눈에 보이는 것은 뭐든 원합니다.
- 아이들은 지치지도 않고 인지 운동에 몰두하며, 쓰러질 때까지 빙글빙글 도는 것을 좋아하지요.
- 속귀에서 전달되는 신경 신호는 눈 근육에 영향을 주어 시력 발달에 중요합니다.

{ C단계 • 12~18개월 }

시각화 연습,
뭐든 눈으로 본 것처럼 느껴요

- 듣고 이해하는 능력이 시각화 발달을 돕습니다.
- 이 시기에는 동물처럼 아이에게 친숙한 물건이 등장하는 책을 읽거나 보는 게 아주 중요해요.
- 운동은 시각화 기술을 놀라울 정도로 발전시켜 줍니다.
  물론 행동 그 자체가 시각화 경험을 통해 학습한 것입니다.

친숙한 그림과 책 보기

매일 책을 읽어 주고, 시각화할 수 있는 친숙한 동물과 물건이 그려진 그림 카드 혹은 낱말 카드를 보여 주세요(단, 낱말과 그림이 같은 페이지에 있으면 안 됩니다).
'큰', '작은' 같은 낱말도 단계적으로 알려 주세요.
'동물원', '바닷가', '공원', '기차', '백화점' 등 아이가 최근에 갔던 장소의 사진을 스크랩북으로 만들어 주고, 아이와 함께 읽어 주세요. 이렇게 하면 언어 발달에 도움이 됩니다.

D단계
18 ~ 24개월

Smart Start!

걷고 뛰는 시기,
양쪽 뇌를 모두 발달시켜요

{ D단계 • 18~24개월 }

좌뇌와 우뇌를 함께 사용해 움직이는 시기예요

• 생후 1년 즈음의 아이들은 양손, 양발로 같은 일을 하는 단계에 머물러 있습니다. 이 시기의 아이는 스쿠터를 타거나 한 손 혹은 두 손을 모두 사용해 핑거 페인팅을 하는 등 몸 양쪽을 함께 사용해 동일한 작업을 합니다.

• 뇌는 두 부분으로 이뤄져 있습니다. 몸의 오른쪽을 통제하는 부분은 좌뇌, 왼쪽을 통제하는 부분은 우뇌이지요. 양손을 쓰느냐 한 손을 쓰느냐는 아이들이 원하는 물건이 몸 어느 쪽에 놓여 있느냐에 따라 달라집니다.

• 어느 쪽 손을 더 즐겨 쓰느냐 하는 선호도는 생후 2년 6개월 이전에는 거의 발달하지 않습니다. 그러니 강요하지 마세요!

반복된 연습으로 움직임이 능숙해져요

• 이 시기 아이들은 전에 자신이 하던 움직임이나 행동으로 몸을 제어하는 방법을 익힙니다. 그리하여 더 능숙하고 탄탄하고 완벽한 움직임을 만들어 나가지요. 반복된 행동을 통해 몸을 단련하고, 그 덕에 뇌 속 신경망이 보다 능률적으로 작용하게 됩니다.

• 무릎을 까딱거리다 보면 점프라는 새로운 기술에 필요한 근육이 자극을 받습니다. 점프란 이제 겨우 두 살 된 아이에게는 정말이지 획기적 사건이지요!

• 공간을 지각하고 팔다리를 조화롭게 움직이는 방법을 알아내며 균형 감각을 기르려면, 뇌 속 신경 회로가 자리를 잡도록 연습을 많이 해야 합니다.

{ **D단계 · 18~24개월** }

지속적인 마사지가 필요해요

몸 뒤쪽 마사지

아이를 바닥이나 무릎에 가로로 엎드리게 한 뒤 아이의 등을 마사지합니다.
날씨 이야기를 하면서 마사지해 보세요.
부슬비를 말할 때는 길고 부드럽게 쓸어내리고, 큰비와 천둥, 번개 이야기에서는 그에 어울리는 방식으로 쓰다듬어 주세요.
아이가 칭얼대면 마사지 방법을 바꿔 주세요.

팔다리 마사지

얼굴, 머리, 가슴, 배, 다리, 팔을 두드리고 가볍게 문지르며 마사지해 주세요.
한 부분에 한 가지 마사지 방식을 활용합니다.
마사지를 하는 동안 운율이 있는 말이나 노래를 만들어 불러 주세요.

악어 자세 연습하기

아이가 20개월이 되면 사진처럼 악어 자세를 취하게 해 주세요.
다리 먼저, 팔은 그다음, 마지막으로 머리까지 단계별로 하세요!

D 단계

TIP

촉각은 자신의 몸에 대한 지각은 물론, 몸 외부에 존재하는 사물을 인지하게 해 줍니다. 아이가 독립적으로 살아가는 데 필요한 정서적·사회적 안정감을 길러 줄 수 있도록 촉각을 자극해 주세요.

{ **D단계** • 18~24개월 }

놀이와 노래를 활용해 온몸을 마사지해요

- 고개를 끄덕이고, 몸 전체를 휘휘 젓고, 굽히고, 까딱대고, 깡충거리는 것은 재미있을 뿐만 아니라 뇌에 중요한 메시지를 전달해 리듬 감각을 활성화시키는 데 좋습니다. 또한 이 과정을 통해 조정력을 기를 수도 있습니다.
- 마사지하면서 손을 대고 있는 신체 각 부위의 이름을 들려주세요.
- 20개월 정도 되면 스스로 팔다리를 동시에 폈다 구부렸다 할 수 있지만, 도움이 필요한 아이들도 있습니다.
- 몸짓과 노래를 반복하면 근육과 인대 발달에 좋은 자극이 됩니다. 또한 뇌의 사고 영역부터 운동 영역, 근육을 움직이는 신경으로 이어지는 신경 회로가 굳건해집니다.

동요를 부르며 마사지하기

마사지에 동요 가사를 활용해 보세요.
예를 들어 아이의 몸 위에서 생쥐처럼
손가락 달리기를 해 보는 거예요.
간질이지는 말고요. 노래를 하면서
아이의 몸 곳곳을 손가락 혹은
온몸으로 움직여 주세요.

거미가 줄을 타고 올라갑니다
(쭉 편 다리 위에 아이를 앉히고 흔들면서)

비가 오면 끊어집니다
(살짝 덜컹거리는 느낌을 주기 위해 무릎을 내리면서)

해님이 다시 떠오르면
(무릎을 조금 들어 올리면서)

거미가 줄을 타고 올라갑니다
(쭉 편 다리 위에 아이를 앉히고 흔들면서)

{ D단계 • 18~24개월 }

음악에 맞춰 몸을 움직여요

- 엄마가 말하는 대로 아이가 몸을 움직이게 해 보세요. 리듬감 있게 움직이는 법을 배울 뿐만 아니라 생각과 행동을 연결하는 데도 도움이 됩니다.
- 아이들이 운동할 때 아직은 엄마의 도움이 필요합니다.
- 여기에 소개하는 운동은 몸의 움직임과 음악 소리를 연결해 뇌와 몸을 조화시킬 수 있도록 도와줍니다. 또한 속도와 리듬, 시간 감각을 깊이 인식하게 되고 근력과 유연성, 대근육 운동을 위한 조정력을 길러 줍니다.

연속 동작하기

노래에 맞춰 팔을 올렸다 내립니다. 다음에는 펼쳤다 오므립니다. 이 동작은 훗날 풍선이나 큰 공을 잡을 때 유용합니다. 다음과 같이 구령을 붙여 보세요.

❶ 준비하세요.
❷ 팔을 올려요.
❸ 팔을 펼쳐요.
❹ 팔을 모아요.

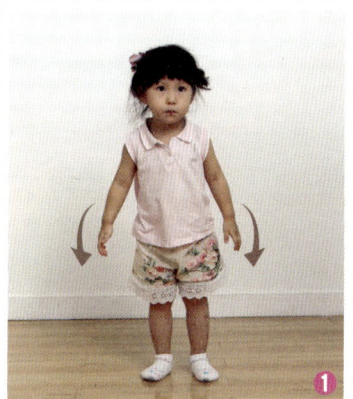

동요를 부르며 마사지하기

아이와 다리를 벌린 채 마주 보고 서서 신체 부위를 가리키며 노래를 부릅니다.

머리, 어깨, 무릎, 발, 무릎, 발
머리, 어깨, 무릎, 발, 무릎, 발
머리, 어깨, 무릎, 발, 무릎, 발
우리 모두 함께 박수를!

노래를 멈춘 뒤 아이가 머리, 어깨, 무릎, 발을 제대로 찾아보게 한 뒤 계속하세요.
빨리 따라하지 못하는 아이들이 많으니 천천히 해 주세요. 자주 도와줘야 하지요.
몇 차례 반복하면서 아이의 능력에 따라 짚어 주는 신체 부위를 다양하게 바꿔 주세요.
콩주머니나 리듬봉을 들고 해도 좋습니다.

{ D단계 • 18~24개월 }

아이가 좋아하는 율동으로 온몸을 움직여요

- 매일 일어나는 일에 대해 짤막한 노래를 만들어 보세요. 그리고 여러 차례 반복해서 불러 주세요.
- 아이는 의미 없는 소리를 내거나 알아듣기 어려운 말을 하면서 같이 노래할 거예요.
- 여러 차례 반복한 후, 마지막 낱말을 말하지 않고 노래를 멈추면 아이 스스로 해당 낱말을 말하거나 비슷한 소리를 냅니다.

그대로 멈춰라

즐겁게 춤을 추다가 (아이를 무릎에 올려 퉁겨 줍니다) 그대로 멈춰라 (움직임을 멈춥니다)
즐겁게 춤을 추다가 (아이를 무릎에 올려 퉁겨 줍니다) 그대로 멈춰라 (움직임을 멈춥니다)
눈도 감지 말고 웃지도 말고 (두 다리 사이로 천천히 아이 몸을 내리다가)
울지도 말고 (다리를 따라 아이를 굴려 주세요) 움직이지마 (움직임을 멈춥니다)
즐겁게 춤을 추다가 (아이를 무릎에 올려 퉁겨 줍니다) 그대로 멈춰라 (움직임을 멈춥니다)

TIP

- 보통 동요 CD는 유치원생용이라 이 시기 아이들이 듣기에는 너무 빠릅니다. 세 살 된 아이에게도 버겁지요. 하지만 신경 발달을 위해서는 동요를 듣는 것이 중요하니, 엄마 스스로 노래를 배워 아이에게 천천히 불러 주는 것이 좋습니다.
- 율동은 정해져 있지 않습니다. 아이가 좋아하는 방식으로 다양하게 바꿔 보세요.

아이를 중간 크기 공이나 트램펄린, 침대나 통 위에 올려놓고 앞뒤로 굴려 주며 노래를 불러 주세요.

토실토실 아기 돼지

토실토실 아기 돼지 젖 달라고 꿀꿀꿀
엄마 돼지 오냐 오냐 알았다고 꿀꿀꿀
꿀꿀 꿀꿀 꿀꿀꿀꿀 꿀 꿀꿀꿀 꿀 꿀꿀꿀꿀~
아기 돼지 바깥으로 나가자고 꿀꿀꿀
엄마 돼지 비가 와서 안 된다고 꿀꿀꿀

{ D단계 • 18~24개월 }

근력을 길러 주는 재미있는 운동

- 아이가 몸을 보다 더 잘 통제하게 되었으므로 갖가지 동작을 시도하기 시작합니다.
- 아이의 관심을 유도할 때는 작은 소리로 속삭여, 듣고 이해하는 능력을 길러 주세요.
- 위험한 상황이 아닌 한 아이의 관심을 끌겠다고 큰 소리로 말하거나 소리를 지르지 마세요.
- 이런 저런 동작을 통해 아이는 자기 자신과 세상에 대해 배워 갑니다. 아이가 자유롭고 안전하게 움직일 수 있도록 충분한 공간을 마련해 주세요.

손으로 고리에 매달리기

아이가 고리 2개에 매달릴 수 있게 해 주세요. 아이가 엄지로 고리 아래쪽을 감싸 쥐는지 확인하세요. 그러고 나서 엄마가 고리를 천천히 부드럽게 위로 올려 아이를 바닥에서 살짝 들어 올립니다. 아이의 손아귀 힘이 약하면 손으로 아이 손을 감싸서 해 보세요.

의자 기어오르기

아이는 어디든 올라갑니다.
그중에서도 가구에 올라가는 것을 가장 좋아합니다.
엄지를 아래로 해서 물건을 바르게 쥐고 있는지 잘 살펴보세요.
유도를 하되 괜히 도와주려고 나서지는 마세요.

{ D단계 • 18～24개월 }

상체 발달을 돕는 운동을 해요

- 아이는 손 짚고 걷기와 매달리기를 좋아합니다. 어른 두 사람이 빗자루 대 양 끝을 잡아 들어 올려 아이가 대에 매달리게 해 주세요.
- 손 짚고 걷기는 손과 팔, 몸통과 복근을 튼튼하게 해 줍니다. 대근육 및 소근육 운동 발달 또한 활발해집니다.
- 아이 엉덩이를 붙잡아 주세요. 아이가 다리를 편 채 버틸 수 있다면 다리 아래쪽을 잡아 주세요. 근력이 아직 충분히 발달하지 않은 상태라면, 버틸 수 없을 거예요.

막대에 매달리기

이 연령대의 아이들은 봉에 매달려 노는 것을 좋아합니다. 네 손가락은 봉 위를, 엄지는 아래를 제대로 감싸 쥐고 있는지 살피고,
아이 스스로 바르게 잡을 수 있을 때까지 엄마가 함께 잡아 주세요.
처음에는 아이가 매달려 버틸 수 있을 만큼 짧게 해 주세요.

영차영차 손수레 놀이

처음에는 바닥에서, 나중에는 너비가 넓은 평균대 위에서 손으로 짚고 앞으로 나아가게 하세요.
이후에는 평균대 높이를 약간 올려 줍니다.

아이의 엉덩이를 잘 받쳐 주세요

{ D단계 • 18~24개월 }

동물을 흉내 내며 걸어요

- 동작을 멈췄다 움직이기를 반복하면 말하고 생각하면서 문장을 만들어 내고 리듬감 있게 움직이는 데 필요한 리듬 감각을 활성화하는 데 도움이 됩니다.
- 여기에 소개하는 운동은 균형 감각을 길러 주고 아이가 갑작스러운 지시에 반응하도록 돕습니다. 이는 위험한 상황이 닥쳤을 때 꼭 필요한 능력입니다.
- 동물에 관한 노래는 아이가 자유롭게 몸을 움직이게 해 주는 아주 좋은 방법입니다.
- 다음 운동을 하면서 아이들은 특정 동물의 흉내를 내게 됩니다. 이는 시각화 능력에도 도움이 됩니다.

개는 멍멍, 호랑이는 어흥

아이에게 고양이, 개, 말, 쥐, 호랑이 등을 선택하게 하세요. 동물 소리를 내며, 각기 다른 속도로 이리저리 돌아다니게 해 보세요. 손을 쫙 펴서 바닥을 짚는지 살펴보세요.

코끼리 아저씨는 코가 손이래

코끼리 아저씨는
코가 손이래
과자를 주면은
코로 먹지요

---- TIP ----

이 시기 아이들은 뇌 양쪽을 동시에 쓰려고 노력합니다. 세발자전거를 탄다든지 코끼리 흉내를 내는 것처럼 몸 양쪽의 행동이 다르게 움직이는 방법을 배웁니다. 상체와 하체로 각기 다른 행동을 하는 것이 가능해지는 다음 단계를 위한 준비인 셈이죠.

{ **D단계** • 18~24개월 }

몸을 숙이고
빙빙 돌아요

- 자신의 몸 곳곳을 껴안는 행동은 외부의 소리에 맞춰 몸이 움직이도록 도우므로 뇌와 몸의 연결에 도움이 됩니다.

- 이제 아이는 음악의 리듬을 천천히 익히게 됩니다. 움직이는 속도는 늦추되 리듬에는 맞추도록 해 주세요.

- 천천히 빙글빙글 도는 것도 중요합니다. 이는 아직 소실되지 않은 원시반사를 억제하는 데 도움이 됩니다.

몸 여기저기 껴안기

이 운동은 아이가 중심을 잘 잡아 뇌가 더욱 발달하도록 준비하는 운동입니다.
팔을 자연스럽게 늘어뜨리고 다리를 벌린 채 서게 합니다.
왼발을 앞으로 내밀면서 허리를 숙여 양손으로 내민 다리를 감싸고 넷을 셉니다.
반대편 다리도 똑같이 해 줍니다. 5회 반복하세요.

회전의자에 앉아 빙글빙글 돌기

엄마가 회전의자에 앉아 아이를 무릎에 앉힙니다.
한 번에 30초씩 왼쪽으로 5회, 오른쪽으로 5회, 의자를 천천히 돌리세요.
한 번 회전할 때마다 잠시 멈추고 신체 부위 다섯 군데를 만지면서
아이에게 이름을 말해 주세요. 이 연령대 아이들은 눈을 감은 채 버티는 능력이
거의 없으므로, 운동을 하는 동안 눈을 뜨고 있을 거예요.

TIP

모든 운동은 아이의 능력에 맞춰서 해야 합니다. 아이가 특정 운동을 좋아하지 않으면 할 수 없다는 뜻입니다. 심한 회전 운동은 아이의 귀를 다치게 할 수도 있습니다. 아이에게 스트레스를 덜 주는 운동을 하세요.

{ D단계 · 18~24개월 }

뇌의 통합 발달을 돕는 다양한 놀이를 준비하세요

- 어느 정도 자란 아이들에서 학령기 아동에 이르기까지 그네는 꼭 필요한 운동 기구 중 하나입니다.
- 아이들은 어딘가에 매달려서 빙빙 돌기를 좋아해요. 그네는 시중에 나온 제품을 구입해도 되고, 견고하고 둥근 막대를 두툼한 나일론 줄로 안전하게 묶어 직접 만들어도 좋습니다.
- 그네 아래에는 발포고무 매트를 깔아 주세요.
- 운동은 천천히 할 때 근육과 인대에 더 많은 자극을 줍니다.
- 이 연령대는 주요 통합 발달을 준비하는 시기로, 뇌에 여러 감각 자극을 전달하기에 아주 적절한 때입니다.
- 이 시기에는 모든 감각 신호가 뇌에서 통합됩니다. 아래에 소개한 운동은 속귀 자극에도 매우 좋습니다.

경사면 손수레 놀이

엄마가 아이의 허벅지 아래를 붙잡고 아이가 손을 바닥에 짚은 채 방 안을 돌아 다닙니다. 아이가 손에 몸무게를 싣지 못하면 몸을 조금 더 높게 들어 주세요. 몸과 다리는 곧게 뻗어야 합니다. 넓은 평균대나 경사면을 따라 손을 짚고 걷다가 마지막에는 빙글 돌아 내려오게 해 보세요. 이때 머리가 아래로 확실히 내려가는지 확인하세요.

해먹 그네 타고 빙글빙글 돌기

유아용 그네나 해먹, 담요에 태워
천천히 회전시키고 그네를 태워 주세요.
회전의자에 앉혀 천천히 돌려 줘도 좋습니다.

{ **D단계** • 18~24개월 }

몸의 좌우 균형 감각을 길러요

- 균형 감각은 유아기 반사작용을 충분히 억제해야 갖출 수 있는 자율 기능입니다.
- 아이가 균형 감각이 필요한 활동을 할 때 손을 잡아 주면 발달에 도움이 되지 않습니다. 엄마가 아니라 아이가 균형을 잡아야 하니까요.

한 발로 균형 잡기

균형을 유지한 채 한 발은 공 위에 얹고 한 발로 서 있게 해 보세요.
발을 바꿔서도 해봅니다.
그다음에는 공을 이리저리 몰거나 앞으로 차도록 시키세요.

계단 오르기

아이가 계단 오르는 법을 배울 수 있도록 몇 단짜리 계단을 마련해 주세요.

훌라후프 속으로 점프하기

22개월에 접어들면, 어떤 아이들은 점프 능력이 뛰어나 중심을 잃지 않은 채 훌라후프 안으로 뛰어들거나 줄을 뛰어넘을 수 있습니다.

---- TIP ----
균형 감각은 몸이 불균형한 상태에 있을 때 생깁니다. 처음에는 아이들이 계단을 기어서 오르지만, 균형 감각이 좋아지면 한 발로 계단을 오른 뒤 다른 발로 같은 계단을 짚게 되지요. 한 계단 한 계단 각기 다른 발로 짚고 오르는 능력은 대개 시간이 더 흐른 후에 발달합니다. 말을 하는 동시에 균형까지 유지하는 능력을 지닌 아이는 거의 없습니다.

큰 공 위에서 흔들흔들

지름 65㎝가 넘는 공 위에 아이를 엎드리게 한 뒤 앞과 옆으로 굴려 줍니다.
공 위에 앉힌 뒤 이번에도 역시 앞과 옆으로 굴려 줍니다.

TIP

- 균형 감각과 근력을 발달시켜 주는 것은 바로 꾸준한 운동입니다.
- 균형 감각에는 근력과 신체 인지 능력이 필요합니다. 몸 한쪽이 다른 쪽과 균형을 이뤄야 하거든요.
- 균형 감각을 위한 운동에 앞서 속귀 자극 운동을 먼저 하는 것이 좋습니다.

{ **D단계** · 18~24개월 }

박자와 리듬 감각을 익혀요

- 박자와 리듬은 상호 의존적인 관계입니다. 리듬은 조화로운 움직임의 규칙으로, 이를 갖추면 움직임이 능숙해집니다. 리듬 감각이 없으면 율동실조, 즉 리듬 부족이 나타납니다.

- 속도, 리듬, 박자는 시간 인지라고 알려져 있습니다. 리듬장애가 있는 아이들은 규칙적인 틀이 바뀌면 어려움을 겪지요.

온 가족이 함께하는 리듬 연주회

아이에게 여러 가지 방법으로 리듬 연주회를 열어 주세요.
플라스틱 병에 쌀알을 넣어 흔든다든지, 리듬봉 2개(길이 22㎝, 지름 2.2㎝에 색 인지를 위해 무독성 페인트로 끝부분을 칠한 막대), 딸랑이, 냄비, 나무 숟가락, 아이스크림 통 등 직접 만든 악기로 멋진 소리를 내 보세요.
다양한 속도와 박자로 곡을 연주하거나 노래하게 해 주세요.

리듬봉과 악기를 이용한 연주

똑같이 생긴 막대 4~5개를 마련해 끝에 각기 다른 색을 칠해 리듬봉을 만들어 보세요. 아니면 장난감 북처럼 아이가 좋아하는 놀잇감을 이용해 바닥을 두드리고, 몸 여기저기도 톡톡 쳐 보세요. 그러고는 세게, 약하게, 각기 다른 방식으로 두드립니다. 마치 빅 밴드인 양 연기하면서 즐겁게 참여하도록 유도해 주세요!

TIP

이 연령대 아이들에게는 두 가지 일을 동시에 하도록 돕는 것이 좋습니다. 이를테면 무언가를 두드리고 박수치면서 동요를 부르는 것과 같은 행동은 속귀를 자극해 아이가 조화로운 동작을 하는 데 도움이 됩니다.

{ **D단계** · 18~24개월 }

춤으로 운동 순서를
짜 보세요

- 춤을 추다 보면 아이의 감정 상태가 드러나기도 해요.
- 구조를 갖춘 율동적 몸짓은 운동 계획 능력을 길러 주고 감각 자극을 강화합니다.
- 자유로운 춤을 선택하는 것도 아주 좋습니다.

간단한 동작을 섞어 운동 순서 정하기

아이는 운동 계획과 배열 능력이 아직 발달하지 않은 상태입니다.
그저 두세 가지 다른 행동을 한 가지 춤 안에 넣을 수 있는 정도이지요.
나이에 맞지 않게 어려운 동작을 하라고 할 경우,
아이는 지시 사항을 기억하지 못한 채 마지막에 시킨 행동만 하게 될 수 있습니다.

둥글게 둥글게, 다양한 춤추기

① 가족이 모여 손에 손을 잡고 다양한 춤을 춰 보세요. 손에 손을 잡고 원을 만든 후 한쪽 방향으로 뛰거나 걷다가 8박째에 멈춥니다. 이때 발을 구르거나 무릎을 구부리는 등 아이가 좋아하는 활동 한 가지를 넣어 주면 좋습니다.
② 원의 중심을 향해 네 발, 밖으로 네 발, 앞으로도 걷고 뒤로도 걸어 보세요. 보폭을 좁게 또는 넓게 도전해 봅니다.
③ 느리게 또는 빠르게 네 번 박수를 치거나 발을 구릅니다.
④ 손을 놓은 상태에서도 둥글게 돕니다. 멈춰서 제자리에서 발을 구르고 박수를 치거나 몸을 두드립니다.
⑤ 아이와 이리저리 달리는 것도 좋고, 아이가 지나치게 무겁지 않다면 안고 빙글빙글 돌려 주는 것도 좋습니다(이 연령대 아이들은 혼자서 빙글빙글 돌 때도 많습니다).

--- TIP ---
이 춤은 전정기관 자극에 아주 좋은 운동입니다. 하지만 엄마 허리가 별로 좋지 않다면 어떤 경우에도 아이를 안아 올리지 마세요.

{ D단계 · 18~24개월 }

감각 운동으로 지각 능력을 키워요

- 감각 운동을 활용한 움직임은 지각 능력 발달로 이어집니다. 움직임을 통해 경험한 것을 뇌가 이해하게 되는 것이지요.

- 아이들은 호기심이 왕성합니다. 아이들이 이리저리 돌아다니면서 주변에 있는 것을 만지고 냄새 맡고 때로는 먹거나 듣고 느끼는 동안에는 이 세상 무엇도 안전하다 할 수 없으니 주의를 기울여야 합니다.

오감 발달의 원리

신생아 때부터 발달하기 시작한 움직임들이 자리를 잡고 나면 새로운 신경이 자라나 새로운 능력을 기를 수 있습니다. 또한 뇌는 근육을 통제합니다. 올바른 신체 기능 및 운동 경험은 뇌가 근육에 명확한 신호를 보낼 수 있도록 해 줍니다.

많은 어머니들은 글씨를 쓰거나 그림을 그리는 능력을 중요하게 생각합니다. 하지만 이를 위해서는 모든 감각 기능이 충분히 발달한 후 소근육 운동 조정력이 개발되어야 합니다. 그러니 너무 조급하게 생각하지 마세요.

의사소통 능력, 읽고 쓰고 말하고, 몸짓을 하는 능력은 운동에 기반을 두고 있다는 사실에 반드시 주목해야 한다. – 잭 케이펀 Jack Capon, 지각 운동 프로그램의 창시자

TIP

학령기 전 아이들에게 충분한 운동 감각 자극을 주기란 쉽지 않습니다. 감각 운동으로 지각 능력을 길러 주는 것이 얼마나 중요한지 부모가 잘 모르기도 하거니와 주위 여건이 잘 받쳐 주지 않기 때문이지요. 아이가 학교에 입학한 후 학업을 잘 할 수 있는 바탕은 취학 연령 이전의 기간에 발달하고 강화됩니다. 그러니 아이가 이 시기에 고르게 발달할 수 있도록 도와주어야 합니다.

{ **D단계** · 18~24개월 }

콩주머니와 풍선으로 시간 감각을 익혀요

- 콩주머니와 풍선은 속도와 리듬, 박자 등의 시간 인지 능력을 기르고 운동하는 데 아주 좋은 도구입니다.
- 아이는 어느 순간에 콩주머니를 놓아야 원하는 곳으로 보낼 수 있을지, 그 방법과 타이밍을 익혀야 해요.
- 다양한 색채를 경험하는 것이 좋으므로 빨강, 파랑, 초록, 노랑, 하양, 검정 풍선이나 콩주머니를 사용하세요.

풍선 던지고 받기

두 손으로 풍선을 잡고 공중으로 던집니다.
일단 아이에게 "잡을 수 있겠니?" 하고 물어보세요.
팔을 옆으로 벌렸다가 모으면서 풍선을 잡게 해 보세요.

콩주머니 옮겨 잡기

콩주머니를 이 손에서 저 손으로 옮겨 잡습니다.
옮기면서 콩주머니 색을 소리 내어 말합니다.
주머니를 제때 놓도록 하는 것이 목적입니다.
아이는 주머니를 어느 정도 높이에서 떨어뜨릴 수 있을까요?

D 단계

---- TIP ----

위에서 소개한 활동을 수행하는 동안, 아이는 기초적인 운동 계획 능력과 고난이 운동 그리고 신체 인지 능력이 활발하게 성장합니다. 정확한 타이밍에 콩주머니를 떨어뜨리는 것이 쉬운 일은 아니지만 꾸준히 연습하면 뇌 속에 강력한 회로가 생성되어 손쉽게 해낼 수 있습니다.

{ D단계 • 18~24개월 }

공놀이가 좋아요

- 아이라면 누구나 크기와 상관없이 공을 좋아합니다. 공을 굴리고 달려가 잡으며 즐거워하지요.
- 파리채로 공을 칠 줄 아는 아이도 가끔 있습니다. 다루기 까다로운 풍선도 칠 수 있어요. 때로는 공을 안아서 잡기도 하지요.
- 다양한 크기의 공이 필요하며, 가급적이면 공기를 불어넣을 수 있는 부드러운 공이나 고무공이 좋습니다. 단단한 공을 쓰다가는 다칠 수 있습니다.
- 여기에 소개하는 모든 활동을 여러 차례 반복하세요!

데굴데굴 굴리고 살살 튕기기

아이와 마주 보고 앉으세요.
두 손으로 반복해서 공을 굴리거나 튕기게 합니다.
다음에는 한 손으로, 양손을 번갈아 가며 굴리고 튕기도록 시키세요.
아이에게 공을 되돌려 굴려 주세요.

공을 이용해 운동 계획하기

똑바로 서서 테니스공 크기의 고무공을 던지게 해 보세요. 크기가 작다 보니, 아이는 아마도 한 손으로 던질 거예요. 공과 가까이에 있는 손으로 말이죠. 머리 위로 손을 뻗어 던지게 유도하세요. 공을 던지기 전에 귀 옆을 스치게 해야 합니다. 다 던졌으면 손을 바꿔 다시 던지게 해 보세요.

D 단계

TIP

- 공놀이는 시간 인지 능력 발달에 아주 좋습니다. 제대로 던지려면 정확한 타이밍에 공을 놓을 수 있도록 근육과 인대에 뇌가 메시지를 전달해야 해요! 게다가 잘 발달한 운동 능력과 눈과 손을 관장하는 조정력도 필요합니다.
- 이 연령대 아이들은 선호하는 손이 정해져 있지 않은 경우가 많고, 몸 중심을 교차하는 행동에 능숙하지 않아요. 그래서 몸 어느 쪽에 더 가까이 놓여 있느냐에 따라 양손 중 한 손을 사용해 공을 던집니다.

{ **D단계** · 18~24개월 }

훌라후프로 할 수 있는 놀이는 정말 많아요

- 훌라후프는 장난감 가게나 백화점에 가면 구할 수 있어요.
  매 동작마다 훌라후프를 굴려 주면서 마무리해 보세요.

- 한두 살 아이들은 대개 한 번에 한두 가지 지시 사항만 기억할 수 있습니다.
  아이가 점프를 잘 못하면 억지로 뛰라고 하지 마세요.

- 지시 사항을 아무리 여러 번 들려줘도 점프하는 방법을 기억하려 애쓰는 사이
  아이들은 그 내용을 잊어버릴 거예요.

- 아이를 도와주거나 아이가 할 수 있는 것만 시키세요.
  아이들의 발달 속도는 천차만별이라는 사실을 꼭 기억하세요.

훌라후프를 이용한 다양한 놀이

❶ 훌라후프를 바닥에 놓고, 아이를 훌라후프 중앙에 들어가게 해 보세요.
  후프를 높이 들어 올렸다가 땅에 내려놓아요.

❷ **훌라후프 안에 서서 걸어 다녀요.** 한 발은 훌라후프 안에 넣고 한 발은 밖에 두고, 훌라후프를 따라 걸어 다녀요.

❸ **훌라후프를 따라 앞으로, 뒤로 걸어요.**

{ D단계 · 18~24개월 }

리본과 줄도 훌륭한 발달 도구예요

- 여기에 소개하는 운동은 주로 균형 감각을 발달시키는 놀이예요.
- 2m 길이의 리본과 줄넘기를 준비하세요. 빨강, 파랑, 노랑, 초록, 하양, 검정, 여섯 가지 색상을 준비하세요. 색상을 맞춰 보고 이름을 알려 줍니다.
- 각 동작은 5회씩 반복해 주세요.

리본 따라 걷고 점프하기

한 가지 혹은 두 가지 색 리본을 아이 앞에 놓고 쭉 펴세요.
그런 다음, 리본 끝까지 걸어갔다가 돌아서서 다시 걸어오게 해 보세요.
발뒤꿈치부터 발가락까지 제대로 짚고 걸을 수 있나요?
리본 양쪽을 양발로 짚고 걷게 해 보고, 리본 위를 게걸음으로도 걷게 해 보세요.
(점프가 가능하다면) 리본 양쪽에 양발을 짚고 점프했다 착지하게 해 보세요.

리본 따라 기어가기

리본을 따라 호랑이처럼 엉금엉금 기어갔다 돌아오게 하세요.
리본을 따라 곰처럼 기어갔다 돌아오게 하세요.
곰은 왼발과 왼손을, 오른발과 오른손을 동시에 써서 긴다는 것을 알려 주세요.

D 단계

---- TIP ----

마음껏 도와주세요. 아이가 동작을 제대로 해내면 칭찬하고 안아 주세요. 아이는 오래 걷지 못한다는 사실을 잊지 마세요! 반복이야말로 뇌를 제대로 자극하는 방법입니다. 사용한 리본의 색 이름을 말해 주어 색상 인지능력을 길러 주세요.

{ D단계 · 18~24개월 }

시각 발달을 위한 운동을 해요

- 추시 활동(머리를 고정한 채 한 눈 혹은 두 눈으로 움직이는 대상을 따라가는 것)을 하면 움직이는 물체를 쫓는 능력을 기를 수 있어요.
- 오감에 자극을 주는 경험이 시각을 발달시키는 핵심입니다.
- 미각 역시 시각 발달에 꼭 필요합니다. 아이가 신나게 온갖 것을 맛보는 모습을 한번 보세요!

눈으로 물체 따라가기

물건을 굴리는 놀이는 종류를 불문하고 추시 능력과 조절력을 발달시켜 줍니다. 바닥에 놓인 훌라후프 안에서 탁구공을 이리저리 굴리면 아이가 잠시 시선을 고정하고 바라볼 수 있어요. 바닥에서 일직선으로 혹은 둥글게 공을 굴려 주거나 종이나 판지를 돌돌 말아 만든 둥근 통 안팎으로 공을 넣었다 뺐다 해 주면 아이들이 무척 좋아해요. 눈을 한쪽씩 번갈아 가린 채 물건을 눈으로 따라가도록 유도해 보세요. 다음에는 두 눈으로 물건 하나를 따라가게 해 보세요. 머리는 가급적이면 움직이지 않는 것이 좋습니다.

손전등 불빛 바라보기

어둡게 해놓은 방에서 천장에 손전등을 비추며 놀이를 합니다.
아이에게 천장에 비친 빛을 눈으로 따라가도록 유도하고, 엄마도 함께 해 주세요!
아이가 직접 방 안의 물건 하나에 빛을 비추게 한 뒤, 머리를 움직이지 않으면서 방을 가로지르는 빛을 바라보라고 말하세요. 방법은 여러 가지로 변형시킬 수 있습니다.

D 단계

---- TIP ----

시각 인지 능력이 그다지 뛰어나지 않은 아이도 많습니다. 본다고 해서 모두 이해되는 것은 아니니까요. 하지만 시각 인지 능력이 너무 많이 떨어지면 학습장애로 이어질 수 있습니다. 이를 활성화시키는 데는 감각 전체를 자극하는 것이 최고입니다.

{ **D단계 · 18~24개월** }

다양한 시각화 활동 놀이를 해요

- 시각화는 움직임의 규칙, 소리의 배열, 사물의 외양과 감촉을 기억하는 능력입니다. 학습에 매우 중요한 도구이지요.

- 아이들은 아직까지 한 손으로 직선을 그리거나 원을 그리는 정도 밖에는 못합니다. 그림을 그리는 능력은 아이의 신체 인지 능력, 시각화 기술과 함께 발달합니다.

- 시각화 능력이 개발되기 시작하면 아이들은 급작스레 그림책을 아주 좋아하게 됩니다.

그림책과 앨범 보기

친숙한 대상의 사진이나 그림을 골라 특별한 스크랩북을 만들어 주세요.
그리고 그 대상에 대해 이야기를 나누세요.
그림책과 짧은 이야기책을 많이 읽어 주세요. 아이가 좋아하는 책은 자꾸 되풀이해서 읽어 주는 것이 좋습니다. 그래야 유대감과 시각화 능력, 언어 인지 능력이 자랍니다.

흉내 내기 놀이

이 연령대 아이들은 '흉내 내기'를 정말 좋아합니다. 전형적인 시각화 놀이이므로 열심히 하도록 부추겨 주세요. 흉내 내기에서도 아이들이 가장 좋아하는 것은 변장 놀이입니다. 집에 사는 애완동물의 행동을 따라하고, 요리를 한다든지 자동차나 기차 흉내를 내는 것도 좋아하지요. 모두 시각화 발달에 아주 좋은 활동입니다.

오랑우탄

> **TIP**
>
> 마음속이나 책에서 보았던 특정 문구를 말 그대로 '볼 수 있는' 사람들이 있어요. 시각화 능력이 뛰어나기 때문에 그런 일이 가능한 것입니다. 어른들은 시각화를 통해 독서를 합니다. 이 같은 능력은 계속된 경험을 통해 얼마든지 갖출 수 있어요. 시각화는 유아기에 시작되는 운동 계획 능력에 꼭 필요한 기술이랍니다.

E단계

2년 ~ 2년 6개월

Smart Start!

호기심이 늘어난 시기,
재미있는 놀이로 근력과 균형감각을 길러요

{ E단계 · 2년~2년 6개월 }

균형 감각과 조정력이 발달하는 시기예요

- 이 시기에 아이들은 자세와 균형 감각을 갈고 닦으며, 신체 및 공간 지각 능력이 좋아집니다.
- 뇌로 흘러들어 오는 감각 정보를 통합함으로써 뇌가 그 반응을 미세하게 조정할 수 있게 되며, 움직임도 능숙해집니다.
- 지각 능력이 향상되고 편측성(좌우 양쪽 중 어느 한쪽만 사용하는 것)이 나타납니다.

아이 두뇌에 적절한 자극이 필요한 이유

아이에게 균형 감각과 조정력은 아주 중요합니다.
이 시기에 조금만 도와주면 훗날 나타날 수도 있는 많은 어려움을 예방할 수 있습니다.
발달이 조금 늦어도 지능 문제가 아님을 기억하세요.
다시 말해 뇌를 적절하게 자극해 줘야 한다는 말이에요.
비싼 컴퓨터를 샀는데 프로그램을 제대로 깔지 않았다고 생각해 보세요.
그럼, 컴퓨터가 제 기능을 할 수 있을까요?

-------- TIP --------

아이에게 문제 행동이 나타나면 그대로 보고만 있어서는 안 됩니다. 부모는 아이의 보호자이지만, 그것이 포악한 아이의 희생양이라는 뜻은 아니에요. 일상생활에서 정한 원칙은 엄격하게 지키고, 특히 식이와 연관해서는 더욱 주의해야 합니다.

{ E단계 · 2년~2년 6개월 }

악어 자세로
근력을 키워요

- 악어 자세 운동은 신체 인지와 운동 계획 능력, 근력을 길러 주고 시각 및 청각 회로를 성장시켜 줍니다.
- 이 운동을 할 때에는 아이가 좋아하는 노래를 불러 주세요.
- 이 운동은 아이가 조화롭고 유연하게 천천히 머리, 팔, 다리 모두를 동시에 움직이는 것이 목표입니다.

악어 자세 연습하기

아래 사진과 같은 자세를 취하게 해 보세요.
아이가 왼쪽 팔을 폈는지, 오른쪽 다리를 폈는지 혹은 구부렸는지 말해 주세요.
마치고 나면 방향을 바꾸어 반복합니다.

> **악어 자세로 한쪽씩 번갈아 움직이기**

한쪽씩 번갈아 가며 천천히 팔다리를 움직이게 합니다. 처음에는 아이를 도와주세요. 팔을 내리고 고개를 돌리면서 다리는 구부리는 동시에 눈으로는 코 바로 앞 구부린 팔의 엄지를 바라보는 조화로운 움직임이어야 합니다. 이 운동을 5회 반복하세요. 가능한 한 천천히 움직이세요. 분당 대략 두 차례 반복합니다.
아이에게 노래를 불러 주거나 운율이 있는 문구를 말하거나 혹은 구령을 붙여 주세요.

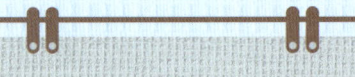

발로 감각을 느낄 수 있도록 맨발로 움직이게 하세요. 이때 아이의 눈은 몸의 균형을 잡으며 발과 함께 움직여야 합니다. 악어 자세를 통해 아이의 원시반사가 사라졌는지 명확하게 알 수 있습니다.

{ E단계 · 2년~2년 6개월 }

신체의 좌우 인지를 위한 운동을 해요

- 연구에 따르면 자극을 받지 않은 뇌는 자극을 받은 뇌보다 신경 회로가 더 적다고 합니다. 아이의 두뇌 발달을 위해 적절한 자극이 필요한 이유입니다.
- 이제 막 감각 통합이 시작되어 옳고 그름이라는 개념을 이해하기 시작합니다.

모래 속 천사 놀이

이 운동은 신체 인지와 좌우 인지 그리고 훗날 나타날 교차 운동에 아주 좋습니다. 바닥에 등을 대고 몸을 쭉 펴고 누워서 박자에 맞춰 지시대로 팔다리를 천천히 안팎으로, 위아래로, 따로 또 같이 움직이게 합니다. 그뒤에는 아이에게 같은 쪽 팔다리를 천천히 옆으로 올리라고 말하세요. 팔을 눈높이까지 천천히 올렸다 내리는 동안 들어 올린 팔의 엄지를 지켜보세요. 반대쪽도 똑같이 한 뒤 5회 반복합니다. 마지막으로 교차 운동을 시도해 보세요. 이를테면 오른팔을 천천히 머리 위로 올리는 동시에 왼쪽 다리를 옆으로 올리는 거죠.

TIP

- 아주 느린 음악을 들려주면 뇌 속 회로가 완전히 발달하게 하는 데 적합한 운동을 제대로 할 수 있습니다.
- 지시는 한 번에 한두 가지만 해야 한다는 사실을 잊지 마세요.
- 이 운동은 근력과 신체 및 공간 지각력, 소근육 운동, 대근육 운동, 운동 개념을 발달시킵니다.

{ E단계 · 2년~2년 6개월 }

신체를 인지하고 전정기관을 자극해요

- 뇌 속 회로는 생후 초기에 형성되므로 운동을 통해 강화해야 합니다.
- 운동에 운율을 더하면 더 많이 기억하게 되고, 리듬은 아이가 학습을 하는 데 효과가 좋습니다.

흔들기와 구르기

지름 21㎝ 정도의 중간 크기 공에 배를 대고 엎드리게 한 다음,
아이를 앞뒤로 흔들어 주면 전정기관을 자극하는 데 아주 좋습니다.
공 위에 앉혀서 몸을 튕겨 줘도 좋습니다.
발달에도 좋지만 무엇보다 아이가 즐거워하지요.

준비, 점프!

① 상자 안에 있어요 아직 점프를 잘 하지 못하는 아이라면 이 놀이가 점프에 앞서서 하기에 좋은 운동입니다. 이 역시 훌륭한 전정기관 자극 운동이기도 하지요. 우선 아이가 엄마의 신호에 따르도록 하세요.

우리 OO는(은) 상자 안에 있어요
엄마가 뚜껑을 열어줄 때까지! (아이가 두 팔을 벌리며 벌떡 일어납니다)

② 개구리 점프 개구리 같은 동물이 된 양 흉내를 내는 것은 시각화 훈련에도 좋습니다. 일단 아이가 개구리나 개구리 사진을 본 적이 있는지 확인해 보세요. 개구리처럼 점프하면 근력 발달에 큰 도움이 됩니다. 깡충깡충 뛸 때는 무릎을 반드시 구부리게 하세요. 엄마가 노래를 부르는 사이 아이는 손을 다리 사이 바닥에 평평하게 붙인 채 쪼그리고 앉아 있다가 '팔딱팔딱' 이라는 가사가 나올 때 개구리처럼 앞으로 튀어 오르게 하세요.

개울가에 올챙이 한 마리 꼬물꼬물 헤엄치다
뒷다리가 쑤욱, 앞다리가 쑤욱
팔딱팔딱 개구리 됐네 (아이가 개구리처럼 점프하며 튀어 나옵니다)

E 단계

{ **E**단계 • 2년~2년 6개월 }

균형 감각을 키우는
데굴데굴 구르기

- 속귀 자극은 2분 정도만 하고 쉬는 것이 좋습니다. 신경 말단이 지쳐서 더 이상 자극이 이뤄지지 않아요.
- 손바닥을 간질이는 것과 마찬가지입니다. 처음에는 즐거운 기분이지만 시간이 어느 정도 지나면 더 이상 좋은 느낌이 나지 않는 것이지요.
- 구르기 매트나 낡은 발포 고무 깔개가 필요합니다.

위아래로 구르기

머리가 파묻히지 않도록 조심하면서 아이를 깔개로 돌돌 말아 주세요.
한쪽 끝을 잡아당겨 말린 깔개를 풀어 주세요. 깔개를 들었다 내렸다 하면
아이는 데굴데굴 구르게 됩니다.
아이가 손을 머리 위로 뻗어 공을 붙잡게 한 다음 다시 한 번 더 시도해 보세요.

앞구르기

아이에게 앞구르기 하는 방법을 알려 주세요. 그래야 아이가 목을 다치지 않습니다. 안전한 방법은 다음과 같습니다.
1. 무릎을 구부리고 앉습니다.
2. 엉덩이를 치켜 올리고 머리를 아래로 잘 밀어넣습니다.
3. 몸을 뒤집습니다. 5회 정도 반복하세요.

머리를 잘 밀어넣어 다치지 않도록 도와주세요

E 단계

---- TIP ----
앞구르기를 연속으로 하면 자극이 엄청납니다. 속귀의 유동체가 신경 말단으로 흘러가 현재 몸의 움직임을 뇌에 전달하면 눈 근육이 그에 반응해 조정됩니다.

{ E단계 · 2년~2년 6개월 }

점프를 하고 빙글빙글 돌아요

- 아이가 속귀 자극 운동을 하지 않으려고 한다면 혹시 귓병이 있는지 확인해 보세요.
- 아이가 빙글빙글 돌고 난 다음 눈이 어떤 상태인지 들여다보세요. 만약 전정기관 발달이 제대로 이뤄지지 않은 상태라면, 눈동자가 이리저리 움직이지 않을 거예요. 지나치게 활동적인 아이들이 보통 이런 증상을 보입니다.
- 회전은 천천히 통제하에 이뤄져야 합니다. 빠르게 돌면 재미는 있지만, 놀이일 뿐 자극은 이뤄지지 않습니다.
- 2분이 지나면 신경 말단이 지친다는 사실을 잊지 말고, 시간을 제한해 주세요.

상자 위에서 뛰어내리기

아이를 작은 상자 위에 세우고 뛰어내리게 하세요.
이때 무릎은 약간 구부리고 팔은 뒤로 젖혀져야 합니다.
훌라후프 안으로 뛰어내리면서 팔을 앞으로 휘두르게 됩니다.

줄 뛰어넘기

의자 2개에 느슨하게 걸친 줄을 밟거나 뛰어넘게 해 보세요. 처음에는 줄을 바닥에 닿게 놓았다가 나중에는 5㎝ 높이가 될 때까지 조금씩 올려 주세요.

E 단계

빙글빙글 돌기

공중에 매달아 놓은 튜브나 스쿠터보드, 사무실 의자 등 도구를 활용해 회전 운동을 할 수 있습니다. 튜브 그네에 기대 30초에 한 바퀴 꼴로 천천히 돕니다. 한 바퀴 돌 때마다 5초씩 멈춘 채 신체 부위 다섯 군데를 가리키며 이름을 말하게 합니다. 그러고 나서 반대로 돌리세요.

TIP

- 이 시기 아이를 다루기란 여간 어려운 일이 아닙니다. 아이가 자랐다는 생각이 들다가도 다음 순간 아기로 되돌아간 듯 굴기 때문입니다.
- 아동용 그네를 구할 수 없을 수도 있습니다. 그런 경우 그네봉을 높은 곳에 고정하고 줄을 단단히 묶어 그네를 직접 만들어 보세요.
- 그네는 궂은날에도 쓸 수 있도록 실내에 매다는 것이 좋습니다. 만약 그네 안장으로 쓸 만한 도구가 없으면 스쿠터보드를 이용해도 좋습니다.

{ **E단계 • 2년~2년 6개월** }

흔들 보드와 평균대에서 놀아요

- 아이의 균형 감각이 부족할 경우에는 반드시 도와줘야 합니다. 뒤에서 팔꿈치 아래를 가볍게 받쳐 주는 정도면 충분합니다.
- 손을 잡아 주는 것은 삼가세요. 그렇게 하면 아이가 아니라 엄마가 균형을 잡고 있다는 뜻이니까요.

흔들 보드에서 균형 잡기

흔들 보드는 두께 약 1.5㎝, 가로, 세로의 길이는 각각 35㎝ 정도면 좋습니다. 보드 아래 정중앙에 가로 세로 9㎝에 3~4㎝의 두께의 둥글거나 각진 목재 블록을 놓습니다. 아이를 보드 중앙에 앉히면 균형을 잡을 거예요. 필요하다면 도움을 주세요. 그러고 나서 한 손에서 다른 손으로 콩주머니를 옮기는 모습을 아이에게 보여 주세요. 이 운동을 통해 아이는 자신의 몸이 양쪽으로 이뤄져 있다는 사실을 깨닫고 몸을 움직여 균형을 유지하는 방법을 배우게 됩니다.

평균대 걷기

두께 4.5㎝, 너비 9㎝, 길이 180㎝ 정도의 평균대를 준비하세요. 처음에는 평균대 위를 걷게 하고 나중에 콩주머니로 난이도를 높이세요. 예를 들어 평균대에 올라 오른손에 쥔 콩주머니를 왼손에 쥔 통에 떨어뜨리면서 앞으로 걸어갑니다. 손을 바꿔 왼손에 쥔 콩주머니를 오른손에 쥔 통에 떨어뜨리면서 계속해서 평균대 위를 걷습니다. 안정적으로 걸으려면 반드시 맨발이어야 합니다.

TIP

공중에서 몸을 통제하는 동안 균형 감각이 안정적으로 발달합니다. 전정기관과 시신경계, 근육과 인대에서 받은 자극을 알리는 메시지를 받은 뇌는 신호를 보내 자세를 통제합니다.

{ **E단계** · 2년~2년 6개월 }

춤추고 반복하면서
움직임의 순서를 익혀요

- 아이는 춤추고 놀면서 운동을 계획합니다. 신체 인지 능력, 평형 감각, 통합 회로 등을 발달시켜 주는 감각 능력이 없으면 계단을 오르고, 옷을 입고, 뜨겁고 차가운 것을 판단하는 것 같은 평범한 일상 속 활동이 어렵습니다.
- 아이들은 반복하는 것을 좋아합니다. 박자가 흥겨운 음악을 사용하세요. 아이가 기억해야 할 순서의 난이도를 서서히 높여 주세요.

단순하고 기본적인 둥글게 둥글게

각기 다른 두 가지 동작으로 시작합니다. 익숙해지면 다른 동작을 더 넣으세요.
예를 들어 둥글게 돌고 앞뒤로 점프하고 양발을 번갈아 가며 짚다가
짝꿍과 손뼉을 마주치고 둥글게 도는 거죠.
이 춤은 아이가 행동의 순서를 기억하는 동시에
리듬과 박자를 유지하도록 하는 것이 목표입니다.

TIP

- 움직임의 순서를 익히는 것은 처음에는 의식적이지만 반복하고 연습하는 동안 저절로 이루어집니다.
- 팔다리를 천천히 움직이려면 운동을 계획하고 통제하는 능력이 필요합니다.
- 아이는 차츰 리듬에 맞춰 움직이는 요령을 알게 될 거예요. 이 같은 활동은 원시반사를 억제하는 것이 핵심입니다. 다른 사람이나 사물에 부딪치지 않으려고 조심히면서 춤을 추는 동안 아이에게는 신체 및 공간 인지 능력이 생겨납니다.

나처럼 해 봐요, 이렇게

엄마와 아이가 서로 마주 봅니다. 네 발씩 앞으로 나왔다가 뒤로 갑니다.
중앙에서 만나면 박수를 치거나 빙그르르 도는 등 아이가 좋아하는 동작 하나를 하세요.
네 박자 리듬을 지키면 더 재미있습니다.

{ E단계 · 2년~2년 6개월 }

노래를 부르면서 자유롭게 움직여요

- 무리 없이 조화롭게 움직이려면 리듬과 음악이 꼭 필요합니다. 리듬은 시각화와 언어 능력 발달에도 중요합니다.
- 아이들은 노래하고 동물 흉내 내는 것을 즐거워합니다. 박자를 놓치지 않도록 유의하세요.
- 소음에 예민한 아이들에게는 음악을 작게 틀어 주세요. 음식이 몸에 영양을 공급하듯, 음악은 가락과 음조, 화음으로 뇌에 영양을 공급합니다.

동물에 대한 노래 부르기

어린 송아지가
부뚜막에 앉아
울고 있어요
음메~ 음메~
엉덩이가 뜨거워

아이가 좋아하는 동물로 가사를 바꿔 불러도 좋습니다.

우리 집 강아지는
복슬 강아지
학교 갔다 돌아오면
멍멍멍
반갑다고 꼬리 치며
멍멍멍

{ E단계 · 2년~2년 6개월 }

툭툭, 탁탁, 리듬봉으로
재미있게 놀아요

- 리듬봉으로는 감각 신경과 운동 신경을 통합시키는 연습을 할 수 있습니다. 두 살 미만의 아이에게 적합하며, 아이스크림 상자를 뒤집어 두드리는 것으로 충분합니다.
- 리듬봉을 가지고 하는 운동은 긍정적 자아 형성을 돕습니다.
- 콩주머니와 마찬가지로 리듬봉도 색상별로 준비하면 더욱 좋습니다.

신체 인지 능력 기르기

아이와 마주 앉아 아이 스스로 양손에 쥔 리듬봉으로 음악에 맞춰서 신체 부위를 부드럽게 두드리도록 엄마가 말해 주세요. 리듬봉 1개만 몸 중심을 교차해서 두드릴 때도 있고, 리듬봉 2개 모두 교차해서 두드릴 때도 있겠지요. 이 운동에는 박자가 정말 중요합니다.

리듬봉으로 기본 개념 익히기

엄마가 아이에게 왼쪽과 오른쪽의 개념을 가르쳐 주세요. 그런 다음 아이가 리듬봉 2개를 허공에서, 아래에서, 앞에서, 뒤에서, 오른쪽에서, 왼쪽에서 두드리게 해 보세요. 놀이를 변형해, 리듬봉으로 같은 쪽 발을 가리키게 하고, 이어서 교차 패턴 방식으로 가리키게 합니다. 위에서 소개한 두 가지 운동을 봉 하나로 쭉 해본 다음 다른 쪽 봉으로도 사용해 보세요.

E 단계

---- TIP ----

- 아마 아이들은 여기에 소개한 운동 가운데 상당수를 어려워할 수 있습니다. 해당 활동에 포한된 개념 중 어떤 것들은 아이가 이해할 수 있도록 엄마가 도와주어야 합니다.
- 높게, 머리 위로, 몸 앞으로, 무릎 아래루가 의미하는 바가 무엇인지, 또 박자를 지킨다는 것이 어떤 의미인지 알려 주세요.
- 이 운동들은 손과 눈의 조정력을 발달시켜 주고, 듣기 능력과 집중력을 향상시킵니다. 뿐만 아니라 시력과 청력, 근육과 힘줄에서 뇌로 보낸 촉각과 느낌을 활성화합니다.

{ E단계 · 2년~2년 6개월 }

콩주머니로 다양한 발달 놀이를 해요

- 이 시기 아이는 콩주머니를 가지고 다양한 놀이를 할 수 있습니다. 바닥에 늘어놓고 징검다리처럼 건너거나 뛰어넘을 수도 있고, 팔을 높이 치켜들거나 낮추어 목표물을 맞히고, 또 몸 여기저기에 올려놓는 등 다양한 용도로도 쓸 수 있지요.

- 콩주머니는 교차 패턴 운동에도 활용할 수 있어요. 다리를 벌리고 앉거나 서서, 오른손에 콩주머니를 들고 몸을 기울여 왼발을 찍는 거죠. 그러고 나서는 왼손에 콩주머니를 들고 오른발을 찍습니다. 괜찮겠다 싶으면 색상 맞추기도 해 보세요.

- 여러 활동 중 두 가지씩 골라 2~5번 반복해 주세요.

콩주머니로 균형 잡기

아이가 바다에 놓인 콩주머니를 중심으로 앞으로, 뒤로, 옆으로 뛰어넘을 수 있나요? 무릎 사이에 콩주머니를 끼우세요. 다음에는 팔꿈치에 끼웁니다. 아이가 콩주머니를 떨어뜨리지 않고 걷거나 높이 뛸 수 있나요? 콩주머니를 한쪽 발등에 올립니다. 아이가 얼마나 멀리 찰 수 있나요? 발을 바꿔서도 해 보세요.

머리 위의 콩주머니 떨어뜨리기

아이를 바닥에 앉히고 콩주머니를 머리에 얹습니다.
다음에는 고개를 뒤로 젖혀 콩주머니를 뒤쪽 바닥에 떨어뜨립니다.
마지막으로 다시 고개를 앞으로 숙여 콩주머니를 손 안에 떨어뜨려 봅니다.
일어서서도 같은 동작을 반복합니다.

TIP
콩주머니 놀이는 신체 인지 능력과 균형 감각, 눈과 손의 조정력을 길러 줍니다. 쓰임새가 정말 다양하지요!

{ E단계 · 2년~2년 6개월 }

공으로 다양한 발달 놀이를 해요

- 공은 뇌 회로 생성에도 도움이 될 뿐만 아니라, 던지기와 받기 등 보다 발전된 활동을 구사할 수 있도록 이끌어 주는 멋진 도구입니다.
- 처음에는 상당히 큰 공을 두 팔을 활짝 벌렸다가 '문을 닫듯이' 모으면서 안아 받지만, 나중에는 손만으로 잡게 됩니다.
- 여기에 소개되는 운동을 각각 2~5회 반복하세요.

공으로 균형 감각 익히기

아이가 공을 등지고 설 수 있나요? 이제 돌아서서 공을 바라보게 하세요.
아이가 공 위에 발을 얹고 2분간 버틸 수 있나요? 다른 발로도 가능한가요?
한 발로 부드럽게 공을 차도록 유도하세요.
발을 바꿔 다시 차도록 하세요.

TIP

- 아이는 공놀이를 통해 다양한 개념과 균형 감각, 시각 조정력, 공간 및 신체 인지 능력을 기릅니다.
- 뇌의 양반구가 보다 효율적으로 협업하게 되면서 한 손으로 공을 던지고 받기 시작합니다. 물론 아직은 공과 가까이에 있는 손을 더 자주 씁니다.
- 손과 눈의 조정력은 다양한 활동을 반복하면 점점 더 좋아집니다. 더 잘 쓰는 손이 분명해짐과 동시에, 뇌 양반구의 통합이 일어나기 때문입니다.

제자리에서 공 튕기기

제자리에 서서 공을 바닥에 튕길 수 있나요?
팔을 넓게 벌렸다가 공이 튀어 오르면 팔로 감싸게 해 보세요.
말하자면 문을 열었다 닫는 것이지요.
몇 차례 반복해 주세요.

E 단계

{ **E단계** • 2년~2년 6개월 }

훌라후프를 이용해 다양한 발달 놀이를 해요

- 이 연령대 아이는 보통 한두 가지 지시만 소화할 수 있습니다. 그런 모습을 보면서 조금 답답한 생각이 들지도 몰라요.
- 하지만 아이는 그 활동을 할 수 없는 것이 아니라 기억해야 할 지시 사항이 너무 많아서 허둥대는 것입니다. 그때는 조금 쉬운 활동을 시켜야 합니다.
- 여러 움직임의 순서를 정해 연속적인 활동을 하게 하되, 아이가 감당할 수 있는 활동을 시키는 것이 중요합니다. 뇌 속 회로는 반복적인 활동을 통해 느리게 발달한다는 사실을 기억하세요.
- 이때 훌라후프는 운동 발달에 도움을 주는 정말 멋진 도구입니다. 다음에 나온 운동을 2~5회 반복해 주세요.

훌라후프로 운동 계획 능력 기르기

바닥에 다양한 모양으로 늘어놓은 훌라후프를 따라 점프하고 걷고, 점프하고 걷게 합니다.
만약 아직 점프를 할 수 없다면 그냥 걷게 하세요.
익숙해지면 심화 단계로 넘어갑니다. 3개의 훌라후프를 모두 점프해서 넘거나
2개의 훌라후프를 한 발로 건너뛰고 하나만 점프하는 식으로요.

원하는 대로 훌라후프 굴리기

훌라후프를 세워 아이 쪽으로 굴려 주고 되돌려 보내게 하세요.
손바닥을 펴서 훌라후프 위에 얹고 미는 방법을 알려 줍니다.

손바닥을 쫙 펴서
훌라후프를 밉니다

E 단계

{ E단계 · 2년~2년 6개월 }

리본과 줄로 다양한 발달 놀이를 해요

- 리본과 줄을 이용한 활동은 색 인지 능력과 조정력, 유연성을 길러 줍니다.
- 줄로 상자를 묶어 기차 놀이를 하는 식으로 아이가 좋아하는 창의적인 놀이도 개발해 보세요.
- 줄을 이용해 줄다리기나 꼬리잡기 놀이 같은 것을 하면 근력에도 좋지만 아이들이 정말 좋아합니다.

줄 아래 통과하기

앞서 소개한 훌라후프 운동을 강화한 활동입니다.
콩주머니나 리듬봉과 마찬가지로 리본도 빨강, 파랑, 초록, 노랑, 하양, 검정 등 여섯 가지 색으로 준비해 사용하세요.
상자 2개에 줄을 매 놓고 그 아래로 통과하게 해 보세요.
2~5회 정도 반복하면 좋습니다.

리본과 줄을 이용한 다양한 놀이

빨강 리본을 일자로 폅니다.
그러고 나서 다음의 지시에 따라 아이가 줄을 움직이게 해 보세요.
① 줄을 자신의 앞과 뒤에 혹은 엄마의 앞과 뒤에 놓게 하세요.
② 줄을 가지고 원을 만들어 원 안과 밖에 서게 하세요.
③ 리본을 자신의 앞과 뒤에, 엄마의 앞과 뒤에 놓으면서, 뱀처럼 꿈틀꿈틀 흔들게 하세요.
④ 아이를 스케이트보드에 태웁니다. 그다음 엄마가 말이 되어 아이를 끌고 다닙니다.
　그다음에는 자리를 바꿔 아이가 말 역할을 하게 하세요.
⑤ 아이가 줄 아래를 엎드려 기어 지나간 뒤, 앞으로 뒤로 뛰어넘게 하세요.
⑥ 콩주머니와 리본의 색을 맞춰 보고 이름을 부르며 놀게 합니다.

---- TIP ----
줄은 엄마와 함께 있을 때에만 사용해야 하며, 그외에는 아이 손에 닿지 않는 곳에 잘 보관해야 합니다.

{ E단계 · 2년~2년 6개월 }

시력을 길러 줘요

- 모든 움직임은 시력과 관계가 깊습니다. 아이에게 '여기 봐!' 하고 말할 때마다, 시각 처리 기술을 단련하도록 돕는 셈이지요.
- 눈으로 대상을 따라가는 활동은 눈 한쪽당 1분을 넘지 말아야 합니다.
- 아이는 깨어 있는 동안 무의식적으로 주변을 살피며 시간을 보냅니다. 아이들은 흔들리는 불빛을 즐겁게 바라보지요. 이 모든 것이 시력을 강화합니다.

원거리 추시 능력 키우기

아이가 가장 좋아하는 장난감을 팔 길이만큼 떨어진 거리에서 들고 계세요. 장난감을 등 뒤에 숨긴 채, '어디 있지?' 하고 묻고 찾는 놀이를 해 보세요. 장난감을 숨길 때는 춤을 추듯 둥글게 돌리거나 왔다갔다 흔들고, 위아래로 움직이며 숨기세요. 아이가 장난감을 찾을 수 있나요?

근거리 추시 능력 키우기

아이 눈 높이에 장난감이나 공을 매달아 놓고 팔 길이 정도 떨어져서 눈으로 따라가도록 지시하세요.
그리고 양손을 번갈아 가며 장난감을 쳐 보게 하세요.
장난감을 느리게 움직이면서 아이가 그 움직임에 맞춰 손뼉을 치게 해 보세요.

E 단계

{ **E단계 • 2년~2년 6개월** }

상상하는 대로 행동하는 시각화 연습을 해요

- 시각화란 촉각, 후각, 미각, 청각, 시각으로부터 뇌에 전달된 메시지 및 정서적 느낌과 함께 사고를 처리하는, 일종의 언어입니다.
- 이 시기 아이들은 식구들을 흉내 내기를 시작합니다.
- 누구든 알아볼 수 있을 만큼 대상을 그려 내지는 못하지만, 시각화 능력과 운동 기능이 개선되면서 그림 솜씨도 나아질 거예요.
- 차츰 낱말 카드와 그림 카드를 기억하는 능력도 좋아집니다.

어제 뭘 봤니?

아이에게 어제 무엇을 했는지 매일 물어보세요. '어제 뭘 봤니?'
기차를 타고, 자동차 여행을 가고, 농장에 놀러가 병아리를 보았을 수도 있겠지요.
아이가 대답하면 크게 기뻐하면서 'OO 덕에 엄마도 기억이 나는구나.' 하고 말해 주세요.

---- **TIP** ----

아이들은 본 적 없는 것을 시각화 하지 못합니다. 하지만 동화책에서 본 요정이나 언젠가 본 적 있는 동물을 흉내 내며 움직이는 것을 좋아합니다. 이제 창의력을 발휘하고 상상대로 행동하는(시각화) 시기가 온 것입니다.

여기저기 놀러가기

박물관, 전시관, 공원, 동물원, 바닷가 등 흥미로운 장소에 아이를 데려가 주세요.
그 장소와 관련된 것들을 골라 스크랩북에 붙입니다.
한 페이지에는 그림을 붙이고 옆 페이지에는 낱말을 붙입니다.
낱말 크기는 세로 3㎝ 정도로, 아이가 알아보기 쉽도록 크게 적어 주세요.
이제 아이는 스크랩북을 보면서 놀러갔던 곳을 마음속으로 그려볼 수 있어요.

E 단계

---- TIP ----

그림과 낱말이 각각 떨어져 있어야 시각화 연습에 도움이 됩니다. 반드시 낱말 전체를 신속하게 후다닥 보여 주세요. 단, 소리 내어 읽어 주지는 마세요.

F단계

2년 6개월 ~ 3년 6개월

Smart Start!

활동적인 시기,
복잡하고 정교한 동작을 익혀요

{ F단계 • 2년 6개월~3년 6개월 }

좌우를 구분해 복잡한 동작도 능숙하게 할 줄 알아요

뇌가 빠르게 발달한 덕에 마침내 통합과 편측성(한쪽으로만 힘을 내거나 체중을 지지할 줄 아는 등 신체의 좌우를 구분해 자유롭게 움직일 수 있는 것)이 자라나는 흥미진진한 단계에 접어들었습니다. 아이들은 대부분 걸음마를 아장아장 할 때쯤 이 단계에 들어섰다가, 어린이가 되어 다음 단계로 나아갑니다. 이 시기에는 타인의 존재를 인지하고, 과거의 일을 기억할 수 있게 되기도 합니다.

매우 능숙하고 자신감 있게 여기저기 돌아다니면서, 아이의 시력은 거의 완전하게 발달하게 됩니다. 그리고 귀와 눈, 피부, 코, 혀, 근육, 인대로부터 받아들인 정보를 뇌가 통합하여 사용하는, 감각 통합이 이뤄지지요. 감각 정보를 풍부하게 받으면 뇌의 양 반구가 동시에 작용하게 되고, 좌우 몸을 자유롭게 움직일 수 있게 됩니다. 이를 편측성이라고 합니다. 이제 오른쪽과 왼쪽을 구분해 신체를 인지하게 되는 것이지요.

아이들은 양발과 양팔로 각기 다른 행동을 할 수 있으며, 그 덕에 세발자전거 타기처럼 다리 하나를 올리면 다른 쪽 다리가 내려가고 팔로는 또 다른 동작을 하는 복잡한 활동을 할 수 있게 됩니다. 소근육 운동 능력도 폭발적으로 발전합니다. 한 손으로는 종이를 잡고 다른 한 손으로는 잘라내는 가위질처럼 각기 다른 일을 능숙하게 해낼 수 있게 됩니다.

만약 아이의 뇌 기능이 이 정도까지 발달하지 못했다면, 양손으로 같은 일을 하려고 할 거예요. 아이가 이 같은 활동을 해낼 수 있느냐보다는 할 수 있는 활동의 강도와 빈도, 지속 기간이 더 중요하다는 사실을 잊지 마세요.

{ F단계 • 2년 6개월~3년 6개월 }

근력과 감각 발달을 위한 놀이를 해 봐요

- 부드럽고 편안하며 율동적인 음악을 틀어 줍니다.
- 아이가 좋아하는 노래나 가사를 들려주면서 기억력과 언어 능력을 북돋아 주세요.
- 암기 학습은 정말 중요합니다. 뇌에 보내는 감각 입력을 증대시키기 위해 이제 모든 행동을 아주 천천히 해야 합니다.
- 강도, 빈도, 지속 기간이 감각 자극을 최대로 높이는 열쇠임을 기억하세요.

악어 자세로 팔다리를 움직이며 앞으로 나가기

먼저 아래 사진과 같이 악어 자세를 취하게 한 뒤, 앞으로 나가게 하세요.
한 번에 한쪽씩, 굽힌 팔의 손바닥을 쫙 펴고 굽힌 다리는 아래쪽에서 끌고 가면서 전진한 뒤, 잽싸게 제자리로 돌아옵니다.
움직이지 않는 쪽 몸, 특히 발의 움직임이 과해지지 않는지 지켜보세요.
똑바로 누워서 방향을 바꿔 가며 천천히 반복합니다.
매끄러운 바닥에서 해야 쉽게 움직일 수 있습니다.

> **특공대 자세
> (교차 패턴)로
> 팔다리 움직이며
> 앞으로 나가기**

악어 자세에서 다리만 바꿔 굽힌 팔의 반대편 다리를 굽힙니다. 교차 패턴 운동이지요. 구부린 팔 쪽으로 고개를 돌려야 합니다. 양쪽으로 방향을 바꿔 가며 몸을 움직입니다. 머리와 팔, 다리를 동시에 움직일 수 있을 때까지 계속한 뒤, 몸을 뒤집어 등을 대고 눕게 한 뒤, 앞으로 나가지는 말고 제자리에서 팔다리만 움직이게 하세요.
제대로 움직일 수 있게 되면 아기 스스로 교차 패턴으로 앞으로 나아가려 할 거예요.

---------------------------- TIP ----------------------------

특공대 자세는 지속적으로 근력을 강화하고 뇌의 감각 발달 영역에서 중요한 역할을 합니다.
등을 대고 누워서 특공대 자세로 움직이면 중요 반사작용이 억제되도록 도와줍니다.

{ F단계 • 2년 6개월~3년 6개월 }

호랑이처럼
두 팔, 두 다리로 기어요

- 호랑이처럼 사지를 모두 사용해 기는 것은 원시반사와 감각 자극이 고차원적으로 통합된 운동입니다.
- 전진이든 후진이든 속도는 느리게, 자세는 정확하고 부드럽게, 반복적이고 조화로우며 율동적으로 움직이는 것이 중요합니다.

앞으로 기어가기

팔을 어깨너비로 벌리고 손과 무릎으로 바닥을 짚습니다. 왼손과 오른쪽 무릎을 동시에 들어 올렸다가 오른쪽 무릎을 왼손 뒤에 내려놓습니다. 그다음에는 오른손과 왼쪽 무릎으로 같은 동작을 합니다. 호랑이가 기어가는 모습과 비슷하지요.
무릎은 들어 올려도, 발끝은 쭉 펴고 발은 바닥에 끌면서 움직여야 합니다.
손바닥 전체로 바닥을 짚고, 엄지를 제외한 나머지 손가락은 붙이게 하세요.
제대로 할 수 있다는 생각이 들면, 고개를 이리저리 돌리면서
앞으로 내민 손을 바라보게 유도하세요. 자세가 제대로 나오지 않을 경우,
엄마가 무릎을 꿇고 앉아 아이의 발목을 잡아서 발이 바닥에 닿도록 도와주세요.

TIP
- '출발' 신호를 주면 아이는 준비를 합니다.
- 기는 동안에는 암기 학습을 하기에 딱 좋습니다. 이를 테면 요일이나 짧고 뜻 없는 시 같은 것을 외우는 것이지요. 움직이는 동안 생각을 하게 되므로(철자를 외우는 데 필요한 기술입니다) 뇌의 기억 영역에 그 내용을 저장하기에 아주 좋습니다.

뒤로 기어가기

아빠가 아이의 엉덩이에 손을 얹고 힘을 주어 팔을 쭉 펴세요.
그리고 아이에게 뒤로 기어오라고 지시합니다.
하나의 목표물을 정해서 쳐다보게 하고, 유아기 때 아기가 사지를 이용해
몸을 일으키려 했던 초기 반사작용의 영향에서 벗어나게 유도하세요.

{ **F단계** · 2년 6개월~3년 6개월 }

손가락 발달 운동을 해 봐요

- 손가락을 쓰는 능력은 대부분의 활동에 꼭 필요한 기술입니다.
- 손가락 끝의 신경 말단은 아주 민감해요. 어깨, 팔, 손을 이용하는 활동은 모두 손가락을 튼튼하게 해 줍니다.
- 운동 성취도와 성품에 대한 연구에 따르면 아이는 경험을 통해 배운다고 합니다.
- 뇌 속에 적절한 신경 회로가 충분히 생겨나도록 하려면 정확한 세부 사항에 맞춰 자주, 높은 강도로, 긴 시간 동안 운동을 하는 것이 좋습니다.
- 네 살이 되면, 아이들은 대부분 몸통을 그려 사람을 표현해요. 바로 신체 인지 능력이 발달했기 때문이지요.

사다리를 이용한 손가락 발달 운동

바닥에서 손을 이용한 운동을 할 때에는 늘 네 손가락을 붙이고 엄지를 펴서 손바닥 전체로 바닥을 짚도록 하세요. 사다리를 붙잡을 때는 엄지로는 가로대 아래를 감아쥐고 나머지 손가락으로는 위를 감아쥐게 하세요.

네 손가락을 쫙 펴서 손바닥으로 감아쥡니다

손가락으로 그림 그리기

손가락 그림을 그리면 어깨에서 손가락까지 골고루 발달하게 됩니다.
좀 지저분해지기는 하지만 손가락 발달에는 최고의 놀이입니다.
게다가 얼마나 재미있는데요!
무독성 물감을 구입하고, 물에 적신 큰 종이와 평평한 탁자, 덧옷을 준비하세요.
그리고 아이가 손가락으로 그림을 그리고 좌우로 마구 휘저을 수 있도록
물감 방울을 종이 위에 떨어뜨려 주세요.

{ F단계 · 2년 6개월 ~ 3년 6개월 }

퉁퉁 높이높이 튀어 올라요

- 튀어 오르기 운동을 하게 해 주세요. 소형 트램펄린, 낡은 스프링 매트리스, 아니면 바닥도 좋아요!
- 튀어 오르는 것을 멈출 때는 무릎을 구부리고 손을 앞으로 뻗어야 해요.
- 서로 손을 잡고 뛰는 경우가 아니라면 트램펄린 하나에 아이 한 명만 오르게 하세요.

트램펄린에서 튀어 오르기

튀어 오르기부터 정지 자세까지 바닥에서 미리 연습해 보세요. 튀어 오르는 것은 작은 점프의 연속이라 할 수 있습니다. 많은 아이가 한 박자에 한 번씩, 한 번의 동작으로 뛰는 것을 어려워합니다. 그래서 한 번에 2번씩 튀어 오르지요. 이를 고치려면 바닥에서 천천히 뛰어 보는 게 좋습니다. 연습을 많이 해야 할 수도 있어요. 아이에게 5번 튀어 오른 뒤 멈추라고 해 보세요. 매번 튀어 오르는 횟수를 다르게 정해 주고, 그 사이사이 멈추도록 하세요. 이를 반복합니다. 잘 해내면, 두세 가지 지시를 연달아 줍니다.

튀어 올라 방향 바꾸기

오른손을 위로, 뒤로, 둥글게 휘두르면서, 공중에 튀어 올라 오른쪽으로 1/4바퀴 돌도록 합니다. 총 한 바퀴를 돌 때까지 같은 과정을 반복하세요. 다음에는 왼손을 휘두르며 왼쪽으로 돌도록 합니다. 좌우를 헷갈려 하면 오른손 손등에 스티커를 붙여 방향을 유도해 주세요.

TIP
이처럼 동작에 대한 지시 사항을 통해 개념을 학습할 수 있습니다. 튀어 오르기는 자극이 많이 되니 너무 과하게 시키지 마세요. 아이마다 발달 속도가 다르니 각자의 능력을 감안해 반드시 성공할 수 있도록 지시 사항을 조절해 주세요.

{ F단계 · 2년 6개월~3년 6개월 }

신체 인지와 개념 학습을 동시에 해요

- 신체 인지와 개념은 신체와 심리 발달의 핵심 요소이며, 이는 아이가 성장하는 내내 중요하게 작용합니다.
- 아이는 아동기 전체에 걸쳐 각 신체 부위와 면, 편측성과 방향성을 점진적으로 익혀 나가지요.
- 아이가 성취감을 느끼면서 주변 환경과 성공적으로 상호작용 할 수 있도록, 정확한 신체 지식과 긍정적 신체상을 발달시켜 주어야 합니다.

몸에 대해 인지하고 개념 익히기

손을 번쩍 들고 위로, 아래로, 앞으로, 뒤로, 옆으로 움직이는 것뿐만 아니라 한 발씩 번갈아 가며 딛기, 흔들기, 한 발 뛰기, 두 발로 점프하기, 달리기, 방향 바꾸기 등 이제껏 익힌 모든 개념을 이용하는 운동을 천천히 반복하게 해 주세요.

재미있는 신체 인지 놀이

지시에 따라 각기 다른 신체 부위를 짚게 하세요. 눈을 감고도 할 수 있나요? '왼쪽', '오른쪽'이라는 말을 사용해 몸 중심을 가로질러 신체 부위를 짚을 수 있게 지시해 보세요. 이를테면 왼손으로 왼쪽 어깨를 짚어 보라고 하는 거지요.

이 연령대 아이들은 아직 좌우 개념을 익히는 중이므로, 경우에 따라 몸 한쪽에 스티커를 붙여 줘야 해요.

손으로 어깨 혹은 발가락을 짚어 보는 등, 하나의 신체 부위로 다른 부위를 가리키게 해 보세요. 그리고 귀를 벽에 댄다든지, 오른손으로 문을 잡는다든지 하는 식으로 방의 이곳저곳을 만지고 다니게 하세요.

팔다리를 교차하는 몸짓을 한다든지, 자신감 있게 점프한다든지, 한 발로 서고, 한 발로 뛰어오르는 등 새로운 기술을 익히고 모두가 이해할 수 있는 개념 어휘를 배우는 것은 매우 중요합니다. 좌우 개념을 인지한 지 얼마 되지 않았다고 해도, 이 역시 반복을 통해 나아질 수 있습니다.

{ **F단계** · 2년 반~3년 반 }

빙글빙글 돌며 그네를 타요

- 아이들에게 운동을 시킬 때에는 계획을 세워 반복하세요. 예를 들어 3~5분간 해당 운동을 하고 난 뒤, 2분간 전정기관 자극 운동과 마사지를 한 다음 한 번 더 반복해 주면 됩니다.
- 운동은 아침 일찍 하는 것이 가장 좋습니다.

천천히 회전하기

보드나 바퀴가 달린 판 위에 아이를 앉히고 몸을 돌리게 해 보세요. 노래를 불러 주면 더 재미있겠지요.

*둥글게 둥글게, 둥글게 둥글게,
빙글빙글 돌아가며 춤을 춥시다*

TIP

- 이 전정기관 운동을 운동 프로그램에 꼭 넣어 주세요. 균형 감각 운동과 마사지, 악어 자세 운동과 함께 여기에 소개한 운동 중 한 가지를 매일 빠뜨리지 않고 해 주세요.
- 전정기관 운동은 연령대와 관계없이 중요합니다. 연령에 따라 그리고 아이의 능력에 따라 변화만 주면 됩니다.
- 전정기관 운동을 통해 위아래로 또 이쪽저쪽으로 수평에 변화를 주어, 속귀의 유동체를 자극해 주세요. 스쿠터보드나 회전의자, 미끄러운 바닥에서 여러 가지 자세로 빙글빙글 돌면 됩니다.

손으로 매달려 그네 타기

아이들은 대부분 그네를 좋아합니다. 마음껏 그네를 타고 돌 수 있도록 그네를 매달아 주세요. 그네에 매달린 채 풍선을 발로 차올려 떨어뜨리지 않게 유도해 주세요.

{ F단계 · 2년 6개월~3년 6개월 }

동물 흉내로
균형 잡힌 자세를 익혀요

- 균형 감각을 갖춰야 통합 능력과 편측성이 발달합니다.
- 동물처럼 걷고 우스꽝스러운 자세를 취하면 균형 감각을 제대로 자극하게 되지요.
- 이 시기 아이들은 동물 흉내 내기를 좋아합니다. 그림책을 많이 보여 주고 여러 종류의 동물을 알려 주세요. 동물원에 데려가는 것도 좋습니다.

동물 자세 흉내 내기 ▶ 아이에게 다음 자세를 취하게 하고 5~10을 세 주세요.

❶ 네발 동물

❷ 세발 강아지(양손과 한 발로 짚기) ❸ 쪼그려 앉은 곰(손을 발 바깥에 짚기)

❹ 한 발로 선 갈매기 ❺ 뛸 준비를 한 캥거루(팔을 앞으로 치켜 올린 채 무릎 까딱거리기)

F 단계

계단 오르내리기

계단을 올라갔다 내려오게 하세요. 말로 지시하는 것이 복잡하면 먼저 시범을 보여 주세요. 균형 감각은 아주 중요한 기능이며, 이를 갖춘 후에야 몸 양쪽을 자유롭게 쓸 수 있습니다.

{ F단계 · 2년 6개월~3년 6개월 }

균형 감각을 익히는 놀이를 해 봐요

- 몸을 조화롭게 움직이는 능력인 뇌 좌우 통합이 이루어지면 편측성이 생겨납니다. 균형 감각과 얼마나 바른 자세를 갖고 있느냐에 따라 그 결과가 상당히 달라집니다.
- 어린이용 흔들 보드는 장난감 가게나 스포츠 용품점에서 얼마든지 살 수 있습니다. 직접 만들어도 됩니다.

흔들 보드에서 균형 잡기

보드 중앙에 양 발바닥을 붙인 채 앉아서 균형을 잡습니다.
❶ 양팔을 옆에 내리고 좌우로 10번씩 기울이세요.
❷ 팔을 엇갈리게 내리고 좌우로 10번씩 기울이세요.

균형 감각 활성화 운동

균형 감각이 생겨났다 싶으면, 중간 크기의 공을 5번 잡거나 오른손, 왼손을 바꿔가며 풍선을 칠 수 있는지 한번 지켜보세요.

TIP

균형 감각은 불균형 속에서 생겨난다는 사실을 기억하세요. 몸의 좌우, 양쪽을 제대로 인지하고, 편측성이 발달하도록 돕는 것이 바로 균형 감각입니다.

{ **F단계 · 2년 6개월~3년 6개월** }

아이의 편측성, 이렇게 훈련하세요

- 균형 감각을 제대로 갖춰야만 편측성이 발달할 수 있습니다.
- 편측성을 기르는 활동은 반드시 균형 감각 자극 운동을 한두 가지 한 후에 해야 합니다.

발가락으로 구슬 집기

혼자 해도 재미있고
여러 명이 같이 해도 아주 재미있는 놀이입니다.
자주 쓰는 발로 구슬을 하나씩 집고 선 너머로 옮깁니다.
아이가 구슬을 몇 개나 옮길 수 있을까요?
한쪽 발에 1분씩 하면 됩니다.

좌우로 방향을 바꾸며 트램펄린 뛰기

이 시기 아이들은 이전보다 더 발전된 방법으로 트램펄린을 뜁니다. 좌우로 방향을 바꾸어 뛰는 거죠. 이제 세 살이 된 아이들은 대부분 자기가 더 편하게 여기는 방향이 생긴 상태입니다. 그래서 회전할 때면 선호하는 방향으로 돌게 되지요. 엄마는 아이에게 이제 서너 가지 지시를 내릴 수 있어요. '여섯 번 뛰고 멈췄다가, 좋아하는 방향으로 돌고 멈춰서 여섯 번 다시 뛰어 볼래?' 이런 식으로 말이지요. 단, 아이가 소화할 수 있을 만큼만 하게 하세요.

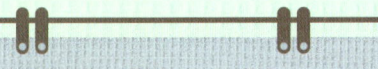

TIP
여기에서 소개한 활동은 편측성을 기르고 몸의 좌우를 인지하는 데 아주 좋습니다. 순서를 기억하려면 연습이 많이 필요합니다. 아이가 좌절감을 맛보지 않게 하는 것이 중요해요. 꼭 성공할 수 있을 만한 과제를 주세요. 사실, 성공이 성공의 어머니이거든요!

{ **F단계 · 2년 6개월~3년 6개월** }

교차 패턴으로 몸을 움직여요

- 똑바로 서서 걸으면 오른팔과 왼발을 앞으로 내밀었다 왼팔과 오른발을 앞으로 내밀게 되지요. 이것이 바로 교차 패턴 운동입니다. 평범한 걷기와 달리기, 던지기 등을 할 때에도 이와 유사한 양상을 보이게 됩니다.

- 아이가 매일 걷게 하세요. 매주 조금씩 걷는 거리를 늘려 주세요. 아이가 교차 패턴으로 팔을 흔드는지 꼭 확인해 보세요! 그리고 정해진 거리를 가는 데 시간이 얼마나 걸리는지 시간을 재 보세요.

호랑이 걸음으로 전진 운동

손을 어깨너비로 벌리고 손바닥과 무릎으로 바닥을 짚습니다.
왼손과 오른쪽 무릎을 함께 들어 올리고 내딛어야 합니다.
마치 호랑이가 걷듯이, 오른손과 왼쪽 무릎도 같은 방식으로 움직여 주세요.
무릎을 들어 올리지만, 발은 바닥에 끌면서 발끝을 쭉 펴야 합니다.
손가락은 모두 붙이고 엄지만 바깥으로 내민 채 손바닥을 바닥에 짚게 해 주세요.
되도록 앞으로 내민 손을 바라보게끔 지시하세요.

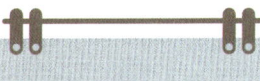

TIP

여기에 소개한 운동은 시각화와 기억 훈련에 도움이 됩니다. 악어 자세 혹은 특공대 자세로 기어다니면서 동요와 노래, 요일과 월 이름, 시간과 숫자를 읊거나 노래할 수 있다는 의미입니다. 교차 패턴 운동은 뇌 속에서 통합이 일어나기 전까지는 할 수 없습니다. 통합이란 양쪽 뇌가 자신이 수신한 모든 감각 메시지를 하나의 기능으로 합치는 능력을 가리킵니다.

발달에 도움이 되는 다양한 교차 패턴 운동

걷기, 달리기,
무릎 번갈아 가며 들고
손으로 두드리기,
번갈아 가며 발 만지기,
행진하기, 던지기,
공 굴리기,
악어 자세와 특공대
자세로 기어가기 등도
교차 패턴을 연습하기에
좋은 운동입니다.

{ **F단계 · 2년 6개월~3년 6개월** }

음악 듣고 춤추며 리듬을 즐겨요

- 다른 아이들 뒤나 앞, 옆에 줄을 서고 차례로 무언가를 하는 것은 서로 어울려 놀거나 춤을 출 때 도움이 됩니다.
- 자립의 시기이므로 나누는 법도 배우게 된다는 의미이지요.
- 바닷가에서 파도를 쫓는 듯 경쾌한 춤을 위한 곡이나 유려하고 부드러운 음악을 적절하게 사용해 보세요.

재미있는 동작으로 자유롭게 춤추기

우주인이 우주에서 떠다니거나 물고기가 바다에서 헤엄치는 모양을 시각화하는 등 자유롭게 춤을 추세요. 반복해서 이어지는 춤에 맞는 음악도 찾아보세요.
이 시기 아이들은 네 박자짜리 춤을 추기 시작합니다.
옆으로 네 박자 걷고 짝꿍과 2번 돌고 다시 옆으로 네 박자 걷는 춤을 춰 보게 하세요.
이 동작을 4회 반복합니다.

TIP
- 이 연령대 아이들을 위한 춤만 묶은 책도 있습니다. 음악에 맞춰 몸을 움직이면, 율동적인 몸짓, 조정력 운동 계획 등 중요한 기술을 기르는 데 도움이 됩니다.
- 춤은 각기 다른 소리에 대한 지식을 쌓을 수 있도록 도와주기도 하지요. 이는 훗날 언어 능력과 학습 능력을 발달시키는 데 중요한 역할을 합니다.

> **다양한 춤춰 보기**

원 모양을 만들어 중심을 향해 들어갔다 나오고, 왼쪽이나 오른쪽으로 이동하라는 지시가 포함된 춤을 춰 보세요. 엄마, 아빠가 아이를 도와줘도 됩니다. 좌우 인지 능력이 필요하고 양쪽 손발을 움직이라는 지시가 담긴 춤도 좋습니다. 혹은 '둥글게 둥글게' 같이 단순한 춤도 연속된 움직임을 반복하고 교대로 움직이는 방법을 익히는 데 도움이 됩니다.

{ **F단계** · 2년 6개월~3년 6개월 }

리듬봉으로 조정력을 길러요

- 리듬봉은 다루기 쉬워요. 게다가 조정력을 발달시키고 물리적인 힘을 기르는 데도 도움이 되지요.

- 앞에서도 리듬봉을 소개했지만, 그때는 주로 북을 두드리는 채로 쓰였습니다. 하지만 이제 두 살이 된 아이들에게 리듬봉은 온갖 것을 할 수 있는 도구입니다.

손과 눈의 반응을 돕는 리듬봉 놀이

리듬봉을 양손에 수직으로 세워서 쥡니다. 그리고 손가락을 이용해 한쪽 방향으로 돌린 뒤에 반대 방향으로 돌립니다. 아이가 양손에 쥔 봉을 모두 돌릴 수 있나요?
봉 하나를 바닥에서 굴리게 하세요. 양손을 바꿔 가며 굴려 봅니다.
이번에는 봉 하나를 망치, 다른 하나를 못이라고 상상해 보세요.
망치로 못을 두드려 보세요. 잠시 후 망치와 못을 쥔 손을 바꾸어 두드립니다.
눈을 뜨고 두드리다가 익숙해지면 눈을 감고 두드려 보세요!

TIP

- 여기에 소개한 활동은 손과 눈의 효율적인 조정력과 리듬 감각을 발달시켜 줍니다. 감각 기능, 그 중에서도 특히 시력, 청력, 촉각, 근육 및 인대의 인지 능력을 향상시키죠.
- 리듬봉으로 연속된 운동에 도전하는 가운데 신체 리듬이 강화됩니다. 신체 리듬은 조화롭게 움직이기 위해 꼭 필요합니다.

리듬봉 소리 들으며 청취 능력 기르기

리듬봉을 두드려 짧고 일정한 소리를 내 주세요.
아이가 그 소리에 맞춰 박수치기를 해 봅니다.
정확하게 했나요?
두 가지 다른 소리를 내거나 소리의 난이도를 조절해 아이가 성공을 맛보게 해 주세요.

{ F단계 · 2년 6개월 ~ 3년 6개월 }

콩주머니로
다양한 운동을 해요

- 이 활동은 온몸을 활발히 움직이게 하고, 추시 능력, 편측성, 균형 감각, 신체 인지 능력을 활성화시켜 줍니다. 게다가 재미있기까지 해요! 아이와 함께 웃고 즐기세요.

- 아이는 콩주머니를 가지고 소근육, 대근육 운동을 모두 할 수 있습니다. 이를 통해 신체 및 공간 인지, 균형 감각, 편측성, 시각화 기술을 발전시키게 됩니다.

- 주변시란 목표물 주변을 볼 수 있는 능력을 말합니다. 움직이는 목표물을 눈으로 따라가기 어려워하는 아이들은 공이 아니라 공을 던진 사람을 바라볼 때 날아온 공을 더 잘 잡습니다. 목표물을 볼 때 눈 긴장을 풀 수 있도록 유도해 주세요.

콩주머니 8자로 돌리기

콩주머니를 무릎 주위에 8자 모양으로 돌려 넘기고 받기를 해 보세요.
처음에 오른쪽 무릎 주위를 돌렸으면 다음은 왼쪽 무릎 주위를 돌리세요.
방향을 바꿔 먼저 왼쪽 무릎을, 이어서 오른쪽 무릎 주위로 콩주머니를 돌립니다.

> **콩주머니 다리 사이에 끼우고 한 발로 서기**

주변시를 발달시키는 놀이입니다. 다리 사이에
콩주머니를 끼우고 방 안의 고정된 물체를 바라보게 하세요.
그다음에는 한 발로 서게 해 보세요!
눈을 목표물에 고정시킨 채 콩주머니를 던지고 받을 수 있나요?
콩주머니가 아니라
상대방을 바라보면서 던질 수 있나요?

F 단계

{ F단계 · 2년 6개월 ~ 3년 6개월 }

다양한 크기의 공으로 하는 재미있는 놀이

- 이제 어떤 크기의 공이든 아이에게 줘도 됩니다.
- 이 연령대 아이에게 공을 다루는 법을 가르쳐 주는 것은 손가락 인지 능력, 시력, 교차 패턴 운동 능력 등 전반적인 발달을 도와줍니다.
- 뿐만 아니라 신체 부위 인지 능력을 더욱 강화시켜 주고, 훗날 맞닥뜨릴 보다 어려운 과제를 해결하기 위해 뇌에 더 많은 감각 정보를 제공합니다.

손가락으로 공 가지고 놀기

몸 앞과 옆에서, 머리 위에서 그리고 손목 위에서 손가락으로 공을 들고 있을 수 있나요? 처음에는 양손 손가락 3개로, 그다음에는 2개로, 마지막으로 1개로 공을 잡을 수 있나요? 손가락 전체로 공을 빙글빙글 돌릴 수 있나요?

TIP

공놀이를 통해 시간 인지 능력도 자라납니다. 교차 패턴 운동이 가능한 공굴리기는 균형 감각과 조정력을 위해 함께 작용하는 좌뇌와 우뇌가 더 잘 발달하게 도와주지요.

교차 패턴 볼링

아이와 마주 보고 서서,
무릎을 구부린 채 왼쪽 발을 앞으로 내밀고 오른손으로
공을 굴리는 교차 패턴으로 공굴리기 놀이를 하세요.
그다음에는 오른발을 내밀면서 왼손으로 공을 굴리게 해 보세요.

{ F단계 · 2년 6개월~3년 6개월 }

훌라후프로 운동 계획을 세워 보세요

- 아이들은 훌라후프를 가지고 빙글빙글 돌리고, 던졌다 받고, 두 발로 폴짝 뛰어넘고, 한 발로 뛰어넘고, 신체 다양한 부위로 훌라후프를 돌리는 새로운 기술을 실험합니다.
- 새로운 경험을 할 수 있는 아주 훌륭한 기회이지요.

훌라후프로 운동 순서 계획해 보기

바닥에 놓인 훌라후프 중앙에 왼발과 오른발로 번갈아 가며 서 보세요.
한 발에 숫자 다섯을 셉니다. 그런 다음, 두 발로 서서 무릎을 구부려 훌라후프를 집어듭니다.
훌라후프를 허리, 목 주위에 그리고 머리 위로 올려 잡고 있다가 내려놓습니다.
뒤로 뛰어서 나온 뒤 두 발을 붙인 채 다시 훌라후프 안으로 뛰어듭니다.
5회 반복한 후 훌라후프 안에 앉습니다.

연속으로 점프하기

바닥에 놓인 훌라후프 안에 한 발을 놓고 다른 발은 훌라후프 밖에 두고 점프를 합니다.
훌라후프 안에 서 있다가 밖으로 나오세요. 최대한 여러 번 반복하세요.
두 발로 서서 '얼음' 상태로 꼼짝 않고 서 있게 하세요.
앞의 점프를 한 차례 반복한 뒤 훌라후프 안으로 들어가 다시 꼼짝 않고 서 있게 하세요.
팔을 뒤로 뻗은 채 무릎을 구부리고 팔을 앞으로 휘두르면서
훌라후프 밖으로 점프해 나오세요.

TIP

훌라후프 같은 물건을 실험하고 기어오르며, 세발자전거를 타고, 흔들 보드에 서서 흔들흔들거리고, 카페트 위로 뛰어내리고, 침대 위에서 뛰는 아이가 가만히 앉아 텔레비전만 보는 아이보다 신체를 제대로 발달시킬 기회가 더 많습니다.

F 단계

{ **F단계 · 2년 6개월~3년 6개월** }

리본과 줄로 운동 발달에 힘을 쏟아요

- 여러 색상의 리본과 가벼운 줄을 사용하세요.
- 아이가 이제 색 이름을 말할 수 있나요? 확신이 서지 않으면 맞히기 놀이를 해 보세요.
- 여기에 소개한 모든 활동을 각각 5회 반복하세요.
- 어떤 물체를 건너뛸 때에는 뇌가 조금 더 발달해야 가능한 대근육 수축이 일어나야 합니다. 운동 발달을 그저 운에 맡길 수야 없으니 꾸준히 연습하게 하세요.

걸쳐 놓은 줄 따라 뜀뛰기

의자 2개 사이에 줄을 걸친 뒤 양발을 줄 양쪽으로 벌리고 서서 줄을 따라 점프합니다. 줄을 건드리지 않도록 조심해야 합니다. 걸어서 그리고 점프해서 뒤로 갈 수도 있나요? 바닥에서 2~4cm 높이로 줄을 올리고, 한쪽에서 다른 쪽으로 점프해 넘었다가 줄을 따라 점프해 후진하도록 시키세요. 이번에도 줄을 건드려서는 안 됩니다.

발끝으로 걷기와 옆으로 뛰기

발끝을 세우고 균형을 잡으며 줄을 따라 걷게 하세요.
그런 뒤 줄을 중심으로 좌우로 점프하면서 이동하다가
끝에 다다르면 팔짝팔짝 뛰게 하세요.
줄 위에서 양발을 넓게 짝 벌리면서 뛰어오르는 점프를
시도해 보세요. 아이가 이 점프를 하면서 뒤로도 갈 수 있나요?

F 단계

{ F단계 • 2년 6개월 ~ 3년 6개월 }

다양한 방법으로 시각을 자극해요

- 아이가 손으로 공을 칠 때 주변에 초점을 맞추면 주변시가 발달합니다. 주변시는 아이의 신체 발달 과정에서 상당히 중요한 역할을 합니다.
- 지름 4㎜, 길이 2m인 줄과 고무공 그리고 머리 위 7㎝ 위치에 줄을 매달 장치가 필요해요.

공 매달아 놀기

2분 안에 처음부터 끝까지 한 번 끝내게 하세요.
① 똑바로 서서 공중에 매달린 공이 몸 중심을 지나 앞으로, 뒤로, 둥글게, 움직이는 동안 머리를 움직이지 않고 눈으로만 따라가게 하세요.
② 양손으로 번갈아 가며 공을 때리게 합니다. 사용하는 팔과 같은 쪽 무릎을 위로 올리면서 팔 전체를 휘둘러야 합니다. 머리는 움직이면 안 됩니다.
③ 머리를 중심에 두고 공을 치면서 시야에 들어오는 물건의 이름을 대게 하세요.
④ 공을 치면서 자신이 사용하고 있는 손이 오른손인지 왼손인지 말하게 하세요. 사용하는 팔과 반대편 무릎을 들어 올리게 합니다.
⑤ 무릎 높이까지 공을 낮춘 뒤, 양쪽 무릎으로 번갈아 가며 공을 칩니다.

주변시를 이용해 균형 잡으며 기어가기

기어가는 자세를 취하게 합니다. 오른팔을 앞으로 쭉 뻗고 왼발은 뒤로 뻗게 하세요.
앞으로 뻗은 팔로 목표물을 가리키면서 다섯을 셀 동안 자세를 유지하게 하세요.
그러는 동안 주변시를 넓게 유지합니다. 팔과 다리를 바꿔서 해봅니다. 총 5회 반복하세요.
만약 주변시를 이용하는 동안 균형을 유지하는 것을 지나치게 어려워하면,
아이를 일으켜 세워 대상을 가리키게 하고,
그것을 바라볼 때 뭐가 보이는지 말하라고 하세요.

--- TIP ---
주변시를 발달시키는 것은 결코 쉽지 않습니다. 여기에 소개한 운동을 통해 아이는 공을 쳐다
보면서 시각을 통제해 주변을 인지하고 또 균형을 잡을 수 있습니다.

F 단계

{ F단계 • 2년 6개월~3년 6개월 }

시각화로
낱말을 익혀요

- 학령기 전 아동은 주로 우뇌를 쓰고 낱말을 통으로 학습합니다.
- 낱말을 소리 내어 말하는 것은 좌뇌 활동인데, 예닐곱 살이 될 때까지 거의 기능하지 않습니다.
- 그러나 이는 어디까지나 일반적인 경우일 뿐, 예외는 있습니다.
  몇 개의 글자로 된 것이든 상관없이 낱말을 사용하세요.

그림 맞춰 보기

그림 카드를 뒤집어 놓고(아이가 직접 만든 스크랩북에 있는 그림을 사용하면 더욱 좋습니다) 맞추기 놀이를 하세요.
아이가 자기 손으로 뒤집어 놓은 그림과 낱말 카드 위치를 기억하게 하는 것이 이 놀이의 목적이지요. 매우 흔한 맞추기 놀이입니다.

없어진 게 뭐지?

아이에게 3~5개의 작은 장난감을 보여 줍니다. 눈을 가린 뒤 하나를 치우고 다시 보여 줍니다. 그리고 물어보세요. '없어진 게 뭐지?' 이 놀이를 살짝 변형해, 주머니 안에 물건을 넣고 손의 느낌만으로 장난감 자동차 같은 것을 찾으라고 할 수도 있습니다.
또 장난감을 담요 밑에 넣어놓고 눈가리개로 가린 뒤, 장난감 하나를 치워 없어진 것을 말해 보는 놀이도 가능하지요. 처음에는 난이도 조절을 위해 장난감을 3개만 넣어서 시작하고, 이후 개수를 늘려 주세요!

F 단계

낱말 카드에 맞는 그림 찾기

낱말을 손가락으로 짚으며 색인에서 그에 해당하는 그림을 찾아보라고 해 보세요.

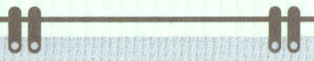

---------------------------- TIP ----------------------------

- 시각화는 학습을 잘 할 수 있는 열쇠입니다. 낱말을 기억하는 방법을 아무리 익혀도, 시각 기억 영역에 저장할 수 없으면 금세 다시 익혀야 합니다.
- 이 시기에는 글자 음을 사용하지 마세요. 어디까지나 시각화가 목적이므로 이제 낱말 카드를 일곱 장 이상 사용해서는 안 됩니다. 매일 새로운 카드를 추가하고 예전 카드 하나를 빼세요. 예전 카드로는 맞추기 놀이를 해 보세요.

부록 ❶

이 책에 사용된 용어 설명

교차 운동
보통 걸을 때의 행동을 말합니다. 오른팔과 왼발을, 왼팔과 오른발을 동시에 앞으로 내밉니다. 달릴 때나 던질 때, 그 외 비슷한 활동을 할 때도 교차 운동을 하게 됩니다.

방향성
방향성은 편측성(대뇌, 손 등 좌우 한 쌍인 기관의 기능분화를 말합니다)과 혼동될 때가 많습니다. 방향성이란 몸 바깥의 공간을 인지하는 것을 말합니다.

소근육 운동
소근육 운동은 보통 대근육 운동 기능에서 영향을 받으며, 연필이나 섬세한 도구나 악기 등의 기구를 다루는 데 필요한 소근육을 사용하는 것을 말합니다. 시각기관의 섬세한 근육에 의존하는 안구 운동이 대표적인 예입니다.

대근육 운동
점프, 한 발로 뛰기, 걷기, 기어오르기같이 큰 움직임의 운동을 말합니다.

편측성
어떤 작업을 할 때 몸의 양 측면을 따로 또 같이 쓸 수 있는 능력을 말합니다. 가위를 쓸 때 한 손에는 자를 물건을 쥐고 다른 손에는 가위를 들고 자르게 되는 것처럼 말이지요. 편측성은 운동을 통해 공간 개념을 가지게 하는 기반입니다. 이에 반해 양측성은 양쪽 손발로 동시에 같은 작업을 수행하는 것을 가리킵니다. 스쿠터를 타고 양발로 동시에 미는 행동이 이에 속하지요.

원시반사
출생 전후에 일어나는 무의식적인 행동을 말합니다. 예를 들어 아직 뇌가 고차원적으로 발달하지 않은 아기가 무엇이든 빨려고 하는 것처럼 생존을 위한 기술을 말합니다. 이는 훗날 아기가 자라서 사용할 자율적인 기술을 익히는 데 밑바탕이 됩니다. 외부에 충분한 자극이 있는, 발달에 유리한 환경에 있는 아기들은 차츰 성장하면서 원시반사 대신 자의적 행동을 하게 됩니다.

자세반사	원시반사 이후 나타나며 이는 평생 지속됩니다. 양팔을 위아래로 올렸다 내렸다 하면서 앞으로 쭉 펴는 낙하산 반응이나, 몸 한쪽을 다른 쪽과 반대로 움직여 넘어지지 않고 자동으로 균형을 회복하는 균형 반응 등이 이에 속합니다.
감각 통합	감각 통합은 뇌가 귀, 눈, 피부, 코, 혀, 근육, 관절에서 수신한 모든 정보를 종합해 발달을 지속하기 위한 기반으로 사용할 때 일어납니다.
감각 운동 지각 활동	무엇인가를 이해하기 위해 감각 자극, 즉 청각, 시각, 촉각, 미각 그리고 근육과 인대에서 보내는 체내 메시지를 종합하는 것을 말하며, 이를 일컬어 인식이라고 합니다.
순차 회로	순차란 조정력을 위해, 혹은 누군가의 지시를 듣고, 아니면 암기 학습을 하기 위해 보여 주는 연속적인 움직임을 말하며, 이러한 움직임은 뇌 속에서 특정 '회로' 또는 신경계를 활성화시킵니다.
시간 감각	몸짓, 행동 또는 리듬의 속도와 시간, 순서를 말합니다.
전정기관 자극	속귀 표면을 감싸고 있으며 얇은 머리카락 같은 수많은 세포 위를 움직이는 체액을 자극하는 것을 말합니다. 이 세포들은 인간이 공간 속에서 자신의 위치를 지각하는 데 꼭 필요하며, 감각 통합에 큰 역할을 합니다.
시각화	뇌가 '마음의 눈으로 보는' 능력을 가리키며, 시각화를 통해 움직임의 양상, 소리의 순서 혹은 사물의 외양과 느낌 그리고 낱말과 글자 모양까지 기억하게 됩니다.
추시	머리를 고정한 채 한 눈 혹은 두 눈으로 움직이는 대상을 따라가는 것을 말합니다.

적절한 운동과 함께 아이의 영양도 잘 챙기세요

　아기의 발달 과정은 어떤 음식을 섭취하느냐에 따라 상당히 달라질 수 있습니다. 음식은 신체는 물론 뇌의 연료입니다. 성장과 에너지, 세포재생, 호르몬 균형에 필요한 동력을 공급하지요. 어떤 품질의 음식을 얼마나 다양하게 그리고 적절한 시기에 먹었느냐에 따라 아기의 발달과 건강, 학습 능력이 크게 달라집니다.

　따라서 아이의 발달, 학습, 행동에 신경이 쓰인다면, 인공색소나 첨가물, 과도한 당분으로 인한 악영향에 대해 신중하게 생각해야 합니다. 우리 주위에는 아이의 행동과 학습에 문제를 일으킬 가능성이 있는 화학물질과 음식이 아주 많습니다. 아이가 인공색소와 보존제, 과도한 당분이 든 음식을 섭취하지 않도록 잘 살펴야 합니다.

　일반적인 음식 중 특정군에 대해 거부반응을 일으키는 경우도 적지 않습니다. 밀이나 유제품에 민감하게 반응하는 아이가 있는가 하면 어떤 아이는 딸기 혹은 복숭아나 살구와 같은 핵과류 과일에 들어 있는 살리실산염 때문에 문제가 생기기도 합니다.

　물론 음식에 들어 있는 화학물질이 아이에게 심각한 영향을 미친다는 사실을 부정하는 사람도 있습니다. 하지만 아이가 그러한 화학물질에 거부반응을 일으켰다고 증언하는 부모 또한 상당히 많습니다. 그러니 아이가 비정상적으로 행동한다고 비난하기 전에 먼저 아이의 영양부터 살피세요. 아이는 음식에 든 아주 소량의 화학물질에도 영향을 받습니다. 적은 양의 화학물질이 설탕처럼 아무런 표기도 없이 음식에 첨가될 가능성은 얼마든지 있고, 이로 인해 아이의 행동에 문제가 생길 가능성을 무시할 수 없습니다.

　음식과 화학물질에 민감한 아이들은 그 증상이 유사하다는 이유로 자폐증, ADHD(주의력결핍과잉행동장애) 등을 앓는 것으로 진단받는 경우가 많습니다. 하지만 물고, 욕하고, 발로 차고, 주위 산만하며, 감각이 지나치게 예민하거나, 쉽게 지루해하는 등의 문제 행동 중 상당수는 아이의 영양 섭취와 관련된 일종의 경고 신호일 수 있습니다. 그러니 늘 아이가 무얼 먹는지, 잘 먹는지, 그 모습을 살피세요!

경험으로 볼 때 적절한 운동을 통해 아이에게 긍정적인 자극을 주면 부족한 식이나 특정 음식에 대한 과민반응에서 비롯되는 문제들을 막을 수도 있습니다. 그러니 이 책에 나온 다양한 운동 방법을 적극 활용함과 동시에 균형 잡힌 식단으로 아이를 더욱 건강하고 똑똑하게 키우세요.

우리 아기 첫 두뇌발달 놀이

2013년 10월 27일 초판 1쇄 발행
2020년 1월 30일 초판 7쇄 발행

지은이 | 마거릿 사세
옮긴이 | 정현선
발행인 | 윤호권

발행처 | (주)시공사
출판등록 | 1989년 5월 10일(제3-248호)

주소 | 서울시 서초구 사임당로 82(우편번호 06641)
전화 | 편집(02)2046-2896 · 마케팅(02)2046-2894
팩스 | 편집 · 마케팅(02)585-1755
홈페이지 | www.sigongsa.com

ISBN 978-89-527-7036-3 13370

이 책의 내용을 무단 복제하는 것은 저작권법에 의해 금지되어 있습니다.
파본이나 잘못된 책은 구입한 서점에서 교환하여 드립니다.